Heye Heyen, Johannes Taschner (Eds

Theological Essays in the 500th Anniversary Year of the Reformation

Analecta Bruxellensia

edited by

Heye Heyen and Johannes Taschner
Faculty of Protestant Theology in Brussels

Volume 17

LIT

Theological Essays in the 500th Anniversary Year of the Reformation

edited by

Heye Heyen and Johannes Taschner

LIT

This book is printed on acid-free paper.

Bibliographic information published by the Deutsche Nationalbibliothek
The Deutsche Nationalbibliothek lists this publication in the Deutsche Nationalbibliografie; detailed bibliographic data are available on the Internet at http://dnb.d-nb.de.

ISBN 978-3-643-90906-0

A catalogue record for this book is available from the British Library

Klosbachstr. 107
CH-8032 Zürich
Tel. +41 (0) 44-251 75 05
E-Mail: zuerich@lit-verlag.ch http://www.lit-verlag.ch
Distribution:
In the UK: Global Book Marketing, e-mail: mo@centralbooks.com
In North America: International Specialized Book Services, e-mail: orders@isbs.com
In Germany: LIT Verlag Fresnostr. 2, D-48159 Münster
Tel. +49 (0) 2 51-620 32 22, Fax +49 (0) 2 51-922 60 99, e-mail: vertrieb@lit-verlag.de
In Austria: Medienlogistik Pichler-ÖBZ, e-mail: mlo@medien-logistik.at
e-books are available at www.litwebshop.de

Table des matières / Inhoud / Table of Contents

Woord vooraf

Wij zijn blij dat we – na verloop van een jaar – weer een nieuw nummer van 'Analecta Bruxellensia' kunnen presenteren.

De protestantse faculteit te Brussel kan het afgelopen jaar terugkijken op enkele markante ontwikkelingen. Met een gerustgesteld gemoed kunnen we melden dat de verkorte visitatie met betrekking tot het opleidingstraject van de bachelor achter de rug is. De FPG heeft een positieve evaluatie gekregen en we zijn als collega's en medewerkers dan ook erg tevreden. De wegen naar de toekomst liggen nu open. Het blijft evenwel een uitdaging van formaat om een volwaardige theologische opleiding van protestantse signatuur in België te garanderen. Nu de accreditatie een feit is, kunnen we het toekomstvizier verscherpen en ons ook in het bredere cultureel-academische landschap laten kennen.

We zijn dan ook dankbaar voor de vele medewerkers die de faculteit rijk is. Het voorbije jaar mochten we ons in het vakgebied Kerkgeschiedenis verheugen op twee nieuwe medewerkers: dr. Thorsten Jacobi en drs. Jean-Louis Cornez.

De bijdragen in dit nummer, dat in het 500^{e} herdenkingsjaar van de Reformatie verschijnt, laten zien op welke manier(en) de auteurs met theologie bezig zijn.

De eerste twee bijdragen gaan over het Oude Testament. Jeanine Mukaminega presenteert haar onderzoek over de rol en de functie van de 'oudsten' in het godsdienstige leven in het Oude Testament. Johannes Taschner legt de tekst Ex. 24: 9-11 uit waarin over een maaltijd van Mozes en o.a. de oudsten van Israël met God wordt verteld.

Er volgen vijf bijdragen die expliciet ingaan op (telkens een aspect van) Maarten Luther. Jeroen Hozée zoomt in op een aantal niet-theologische (met name economische) factoren die de grote doorbraak van de ideeën van Luther mede mogelijk hebben gemaakt. Johan Temmerman kijkt in zijn eerste bijdrage in een cultuurhistorisch perspectief naar Luther als radicaal en apocalyptisch theoloog tussen Oudheid en Moderniteit. In zijn tweede bijdrage plaatst hij Luther in een rij met Franciscus van Assisi en met Nietzsche, om om die manier zijn godsdienst-filosofische plaats te bepalen. Mar van der Veer illustreert aan de hand van het lied 'Nun freut euch, lieben Christen g'mein' hoe Luther dogmatiek tot een lied verwerkt. Heye Heyen verkent de vraag naar de relevantie van Luthers onderscheiding van wet en evangelie voor de praktische theologie.

Vervolgens zijn er drie historische bijdragen. Léonard Rwanyindo kijkt naar de christelijke zendingsscholen in Afrika en hun dubbele rol: evangelisatie, maar feitelijk ook handlanger van de coloniale bezetting. Over het verband van christelijke zending en colonialisme gaat ook de eerste bijdrage van Jack McDonald. Hij refereert hierbij aan Samuel de Champlain en Jean-Jacques Rousseau. In zijn tweede bijdrage schetst hij aspecten van het debat dat voorafging aan de afschaffing van de slavernij.

De bundel wordt afgerond met een artikel van Heye Heyen waarin hij zijn kwantitatief onderzoek naar de pastor als ontvanger van pastoraat presenteert.

Wij willen allen bedanken die aan dit nummer hebben bijgedragen, met name de auteurs voor wat zij schreven en de Raad van Bestuur voor het toestaan van de financiering.

Heye Heyen
Johannes Taschner

Préface

Nous sommes contents de pouvoir vous présenter - après une année écoulée - un nouveau numéro d' « Analecta Bruxellensia ».

Pendant l'année passée, il y a eu des développements marquants concernant la faculté protestante.

On peut annoncer avec un esprit serein que l'audit raccourci du coté néerlandophone concernant le niveau de bachelier s'est bien déroulé. Nous sommes très contents de l'évaluation que nous, collègues et collaborateurs, avons reçue. Les routes vers l'avenir sont maintenant ouvertes.

Cependant, il reste le défi majeur de garantir une éducation complète au profil protestant en Belgique. Maintenant que l'accréditation est un fait, nous pouvons affiner notre vision de l'avenir et nous rendre visibles dans le paysage culturel et académique le plus large.

Nous sommes reconnaissants d'avoir de nombreux collaborateurs de notre faculté. L'année passée, nous avons accueilli deux nouveaux collaborateurs dans le domaine de l'histoire de l'Église : Dr. Thorsten Jacobi et Drs. Jean-Louis Cornez.

Les contributions de ce numéro, qui parait dans l'année du 500ème anniversaire de la Réforme, montrent de quelle(s) manière(s) les auteurs pratiquent la théologie.

Les deux premières contributions traitent de l'Ancien Testament. Jeanine Mukaminega présente sa recherche sur le rôle et la fonction des Anciens dans la vie religieuse dans l'Ancien Testament. Johannes Taschner explique le texte Ex. 24:9-11 qui raconte un repas de Moïse, Aaron, Nadab, Abihu et les 70 Anciens d'Israël avec Dieu.

Ensuite, il y a cinq contributions qui traitent explicitement (chaque fois un aspect) de Martin Luther. Jeroen Hozée se concentre sur quelques facteurs non-théologiques (surtout économiques) qui ont facilité le fait que les idées de Luther ont pu triompher. Dans sa première contribution, Johan Temmerman considère Luther, dans une perspective de l'histoire de la culture, comme un théologien radical et apocalyptique entre Antiquité et Modernité. Dans sa deuxième contribution, il détermine la place de Luther dans une perspective de philosophie de la religion qui le place entre François d'Assisi et Nietzsche. Mar van der Veer démontre sur la base de l'hymne « Nun freut euch, lieben Christen, g'mein » comment Luther transforme la dogmatique en un cantique. Heye Heyen traite de la distinction entre la Loi et l'Evangile par Luther et discute de son importance pour la théologie pratique.

Ensuite, il y a trois contributions historiques. Léonard Rwayindo traite du rôle et de la fonction de l'école des missions chrétiennes en Afrique : évangéliser mais aussi être acolyte de l'occupation coloniale. Également Jack McDonald traite dans sa première contribution du lien entre la mission chrétienne et le colonialisme. Pour ceci, il fait référence à Samuel de Champlain et Jean-Jacques Rousseau. Dans sa deuxième contribution, il décrit des aspects du débat qui a précédé l'abolition de l'esclavage.

Le livre se termine par un article de Heye Heyen sur sa recherche quantitative sur le pasteur en tant que 'récepteur' de cure d'âme.

Nous remercions tous ceux qui ont contribué à ce numéro, en particulier les auteurs, pour ce qu'ils ont écrit, et le Conseil d'Administration, pour la prise en charge des coûts.

Heye Heyen
Johannes Taschner

Preface

We are pleased that – after only one year – we can present a new issue of "Analecta Bruxellensia".

The Protestant faculty at Brussels can look back to some remarkable developments during the past year.

We are glad to report that the shortened Government visitation of the Dutch-speaking faculty concerning our bachelor-level courses went well.

We are very pleased with the evaluation that we, colleagues and collaborators, have received. Roads to the future are now open.

However, it remains a major challenge to provide for the public a comprehensive education of Protestant character in Belgium. Now that the accreditation is acheived, we can refine our vision of the future and make ourselves visible in the broader cultural and academic landscape.

We are grateful to the many colleagues in our faculty. Last year, we welcomed two new collaborators in the field of church history: Dr Thorsten Jacobi and Mr Jean-Louis Cornez.

The contributions in this issue, which appears in the year of the 500th anniversary of the Reformation, show in what way(s) the authors are engaged in theology.

The first two contributions are about the Old Testament. Jeanine Mukaminega presents her research on the role and function of the Elders in religious life in the Old Testament. Johannes Taschner explains the text Exodus 24:9-11 which tells about the meal of Moses, Aaron, Nadab, Abihu and the 70 Elders of Israel with God.

There are five contributions that deal explicitly with (an aspect of) Martin Luther. Jeroen Hozée focuses on a number of non-theological (especially economic) factors that have facilitated, among other things, the success of Luther's ideas. In his first contribution, Johan Temmerman considers Luther from a perspective of the history of culture, as a radical and apocalyptic theologian between antiquity and modernity. In his second contribution, he determines Luther's place from the perspective of the philosophy of religion. So he places him between Francis of Assisi and Nietzsche. Mar van der Veer illustrates using the hymn "Nun freut euch, lieben Christen, g'mein" how Luther transforms dogmatics into a hymn. Heye Heyen discusses the distinction between the Law and the Gospel by Luther and discusses its relevance for practical theology.

In addition, there are three historical contributions. Leonard Rwayindo discusses the role and function of the school of Christian missions in Africa: evangelizing but also being a henchman of the colonial occupation. Jack McDonald also treats in his first contribution the link between Christian mission and colonialism. For this, he refers to Samuel de Champlain and Jean-Jacques Rousseau.

In his second contribution, he describes aspects of the Christian debate that preceded the abolition of slavery.

The book ends with an article by Heye Heyen on his quantitative research on the pastor at the receiving end of pastoral care.

We thank all those who have contributed to this issue, especially the authors, for what they wrote, and the Council of Administration for financial support.

Heye Heyen
Johannes Taschner

IN MEMORIAM
Prof. dr. Henk JAGERSMA
(2 februari 1927 – 1 december 2016)

Einde vorig jaar overleed voormalig hoogleraar Oude Testament Prof. Henk Jagersma op de gezegende leeftijd van 89 jaar. Hij studeerde theologie te Utrecht en promoveerde aldaar in 1972 op een proefschrift over Leviticus 19. In 1975 werd hij hoogleraar Hebreeuws en Oude Testament aan de FPG te Brussel. Hij was er ook decaan vanaf 1981 tot zijn afscheid in 1990. Ik herinner mij Prof. Jagersma als een erg erudiet en helder sprekend hoogleraar. Hij was ook populair bij de studenten, niet in het minst om zijn Friese humor, nogal droog maar steeds gevat.

Naast zijn opdracht als hoogleraar was hij een productief schrijver. Hij maakte een cursus Bijbels Hebreeuws in twee delen en een eveneens tweedelige *Geschiedenis van Israël.* Dit laatste is een standaardwerk in de Nederlandstalige vakliteratuur en werd in verschillende talen omgezet. Hij was tevens lange tijd hoofdredacteur van de serie *Verklaring Hebreeuwse Bijbel,* een reeks die hij startte en waarvan hij acht deeltjes schreef. Ook aan de reeks *Tekst en Toelichting* verleende hij zijn medewerking.

Het is zeker niet overdreven om te stellen dat Prof. Jagersma een markante persoonlijkheid was die een belangrijke rol in de geschiedenis van onze faculteit heeft gespeeld. Een kwarteeuw doceerde hij Hebreeuws en Oude Testament en inspireerde talloze studenten om gepassioneerd met de Bijbel en de traditie bezig te zijn. We zullen de herinnering aan Prof. Henk Jagersma dan ook in een dankbaar hart bewaren.

Prof. dr. Johan Temmerman

Jeanine Mukaminega

L'institution et la fonction des Anciens - *Zekenim* - dans la littérature de l'Ancien Testament

Introduction

> « Nous allons tous vieillir, mais serons-nous tous des Anciens dans les temps à venir », se demande Michael Walzer[1].

Au regard des textes, la réponse est non. Tout au plus, pouvons nous espérer devenir des anciens, des sages à l'image de ceux-là dont parle l'évangile de Jean qui, une fois confrontés à leur propre parcours, renoncent à lapider une prostituée amenée sur la place publique pour y être condamnée[2]. S'interroger sur l'institution et la fonction des Anciens c'est se demander comment ils sont mis en place, qui ils représentent et ce qu'ils font concrètement. Les Anciens (toujours au pluriel) dans l'Ancien Testament (AT) en hébreu sous diverses déclinaisons הַזְּקֵנִים , et en araméen sous la forme שָׂבֵי est un titre qui nous est familier. Ils nous sont connus par les deux Testaments de nos Bibles et par nos communautés. C'est pourquoi, en guise d'introduction, j'aimerais évoquer deux passages sur les Anciens du Nouveau Testament (NT) qui nous sont plus proches chronologiquement et culturellement[3].

> « À partir de ce moment, Jésus Christ commença à déclarer à ses disciples qu'il lui fallait se rendre à Jérusalem pour y souffrir beaucoup de la part des anciens, des grands prêtres et des scribes... Mtt. 16,21».
> « Quelqu'un parmi vous est-il malade ? Qu'il appelle les anciens de l'Eglise et que les anciens prient pour lui, en l'oignant d'huile au nom du Seigneur, Jaq. 5,14».

En y regardant de plus près, ces versets suggèrent déjà que les choses ne sont pas aussi limpides. Les Anciens qui prient pour un malade nous sont familiers mais les Anciens[15] qui oignent les malades, c'est un peu étrange. Plus intriguant encore, selon Matthieu, les Anciens seraient parmi les bourreaux de Jésus. Je retiens surtout que les auteurs du NT présentent les Anciens du temps de Jésus,

---

[1] Michael Walzer, *Dans l'ombre de Dieu, la politique de la Bible*, éd. Bayard, Paris, 2016, p.246.

[2] « Toen zij dit hoorden, dropen zij een voor een af, de oudsten het eerst, totdat Jezus alleen achterbleef met de vrouw, die nog midden in de kring stond. », Jn 8,9 KBS (https://rkbijbel.nl/kbs/bijbel/willibrord1975 /neovulgaat/ johannes/8).

[3] Comme le NT lui-même, ces Anciens nous viennent d'un contexte marqué par les conceptions sociétales juives des époques hellénistique et romaine. Certes nous sommes ici dans un contexte juif mais on peut se demander si l'organisation sociopolitique du monde hellénistique et romain connaissait une institution similaire? Les Anciens du NT qui émergent dans ce contexte multiculturel, comment sont-ils compris en dehors des cercles de la nouvelle communauté ?

accompagnés de grands prêtres et des scribes sans les confondre ni avec les uns ni avec les autres ! Au temps de Jésus donc, les Anciens participent aux décisions politico-religieuses aux côtés des représentants des traditions et de la Loi. On peut aussi s'interroger sur le rapport entre les Anciens dont parle Matthieu, ceux dont parle Jacques et les Anciens de nos communautés. Notamment, ces *Anciens de l'église* chez Jacques sont-ils les héritiers directs de ceux-là même qui ont fait souffrir Jésus? Les Anciens de Matthieu, les Anciens de Jacques et nos Anciens appartiendraient-ils au même monde ? Tout semble indiquer que les Anciens de nos églises qui héritent des deux premiers, nous sont parvenus au terme d'un long cheminement qui a duré quelques milliers d'années. Et on ne revient pas indemne d'un si long voyage.

Ainsi, le titre Anciens charrie des traces de réalités socioculturelles résiduelles d'un passé lointain, un passé qui se déroule sous d'autres cieux et qui a été amené à croiser nos chemins. C'est ce que cette contribution va tenter d'examiner. La tâche n'est pas facile car la Bible fait passer les Anciens sans trop de bruit. Ils se faufilent entre les lignes avec discrétion. Une lecture rapide ne permet pas de cerner leur statut exact, l'institution qu'ils représentaient et la fonction qu'ils assuraient. Comme dans les cas du NT évoqués plus haut, les textes de l'AT leur refusent les deux éminentes fonctions des sociétés antiques, à savoir les fonctions religieuse et politique. Non pas qu'il n'y ait pas d'accointances avec ces fonctions, mais parce que les textes ne permettent pas de décider, si les Anciens sont des religieux, des politiciens, des agents sociaux, des agents de sécurité ou simplement des nobles influents.

Qui sont-ils donc et Qui ou Que représentent –ils ? Cette question reste en suspens tout au long de la Bible. Pour tenter de trouver des pistes de réponses, j'explore les textes de l'AT avec un regard sur les documents externes pouvant éclairer son contexte de production et de transmission[4]. L'exploration s'articule autour de trois points, suivis d'une conclusion qui est une plaidoirie pour une lecture biblique plus adaptée à notre civilisation mondialisée où, plus que jamais l'Humanité est invitée à se redéfinir s'elle veut survivre à toutes les crises identitaires de notre temps.

1. Un survol des contextes littéraires de mobilisation des Anciens dans l'AT
2. Ce que disent les documents du Moyen Orient ancien
3. La mise en scène des Anciens dans l'AT
4. Conclusion

[4] C'est en effet au terme d'un long processus de transmission et de réécriture qui aboutit à la canonisation que la Bible, dont le contenu est plutôt une compilation de traditions mixtes (populaires, religieuses, philosophiques, politiques et législatives), est devenue la « Parole de Dieu » dont nous avons héritée.

I. Un survol des contextes littéraires de mobilisation des Anciens dans l'AT

Les *Anciens* constituent un motif littéraire fortement mobilisé dans nos Bibles. Ils sont présents dans plus de 60% des livres de l'AT. Ils sont évoqués sans jamais être nommés. En apparence, on dirait un groupe ayant des fonctions plus ou moins définies. Leur présence a été nécessaire voire indispensable aux décideurs sociaux, politiques et religieux. Ainsi, les textes où ils sont invoqués prennent soin de ne pas les confondre ni avec les chefs de tribus, ni avec les prêtres, ni avec les prophètes, ni avec les juges ni avec les rois mais en font leurs collaborateurs et dans quelques cas, leurs contestateurs (1R 12,6.8 et 2R 6,32). On trouve aussi des passages qui les mettent en scène comme un groupe ayant ses propres initiatives et assumant ses propres décisions. À part des cas où le mot désigne clairement les plus âgés, les auteurs de la Bible associent le terme « Anciens » à un déterminatif qui les circonscrit dans des entités précises : un peuple, un pays, une ville, un groupement social ou une profession. L'article « The elders » de l'*Encyclopedia Judaica*[5] hiérarchise ces entités et propose de voir les Anciens comme des représentants œuvrant à des différents échelons de la vie sociale: familial, tribal, territorial et national. Notre exploration des textes ne nous permet pas de confirmer cette catégorisation. Certes, la Bible fait état d'une diversité de groupements humains spécifiés par ces catégories. Mais la manière dont ils sont mis en scène ne permet pas de saisir exactement à quelle titulature appartient le terme « *Anciens* ». Au contraire, la diversité des situations où leur présence est sollicitée les rend à la fois importants et insaisissables. Qu'est-ce qu'ils font exactement? Que disent-ils quand ils interviennent ? Comment sont-ils choisis[6] ? Autant de questions dont les réponses sont par endroit plus ou moins claires, sinon floues ou inexistantes.

Cette situation textuelle paradoxale des Anciens est d'autant plus remarquable que celle des autres acteurs mobilisés par les mêmes récits est plus facilement discernable. Ainsi, les premiers rois Saul et David sont clairement institués par un acte civil et religieux. Les rois suivants à partir de Salomon héritent de leurs pères et s'inscrivent dans la logique dynastique. Quoique, comme partout ailleurs, certains rois de la Bible passent par les intrigues de palais. Les prophètes et les juges-sauveurs sont suscités par Dieu, leur mise en place obéit au modèle de représentation charismatique. Les prêtres suivent un schéma de transmission héréditaire[7]. En contraste, on ne connaît aucun moment inaugural aux

[5] «The elders » in, *Encyclopidia Judaïca*, 1972, 27, 1-11, vol. 6, col. 578-580.

[6] On a des passages comme Ex. 18, 19-25 et Dt. 1,15 comportant des indications sur la manière de choisir des représentants par groupements chiffrés, chef de mille, de cent, de cinquante et de dix. Pour Ex. 18,19-25, ils sont choisis parmi les hommes craignant Dieu, intègres et ennemis du lucre. En Dt. 1,15, les chefs de mille, ... sont des chefs de tribus sages et bien connus. Les Anciens, sont-ils désignés de la même manière ? Les données sont maigres pour permettre une conclusion.

[7] Dans le détail des textes, on déceler quelques anomalies qui respectent pas ce schémas.

Anciens, aucun protocole de mise en place, aucun critère de recrutement. Michael Walzer note avec pertinence qu'ils sont sans charisme, ni vocation, ni nomination divine (p.346). Ils sont présents lors de moments religieux importants mais ne sont jamais institués par un acte religieux. Dans les questions politiques, ils sont simplement consultés ou pris à témoins. Par contre, ils ont l'air de peser lourd dans les questions sociales. Leurs interventions varient de la plus discrète c. à d. d'une simple présence passive auprès des décideurs, passant par la résolution des conflits familiaux et la consolation des affligés jusqu'au plus éminent des rôles comme le recrutement militaire et la mise en place d'un roi. Leur quasi omniprésence tout au long du texte qui nous est parvenu permet de soupçonner jusqu'où s'étendait leur influence. Car, influents ils l'ont certainement été comme on peut le déduire de la place que leur réserve la tradition prophétique (Is. Jr et Ez). En effet, le prophète Isaïe les condamne au même titre que les princes tandis que le prophète Ezéchiel est chargé de dénoncer leur idolâtrie. Jérémie les prend à témoins lors de ses proclamations publiques et il passe par eux pour donner conseil à la communauté des exilés. Isaïe prévient que lors de l'accomplissement des temps, le Seigneur régnera devant eux.

> « Yahweh entre en jugement avec les Anciens de son peuple et ses princes : vous avez brouté la vigne ; la dépouille du pauvre est dans vos maisons » (Is. 3,14).
> « La lune rougira et le soleil pâlira car Yahweh des armées deviendra roi sur la montagne de Sion et à Jérusalem et devant ses Anciens sera sa gloire » (Is. 24,23).

Ils ont résisté aux bouleversements sociétaux et ont survécu à toutes les crises contrairement aux Juges, aux rois et aux prophètes qui disparaissent laissant la place à l'autorité du texte et aux pratiques sacerdotales[8]. Les auteurs bibliques les rendent témoins de toutes les étapes de *l'histoire sainte* pour reprendre la formule de Von Rad. Pour ne prendre que les deux extrêmes, ils sont présents avec les opprimés en Egypte et comme évoqué au début, ils seront reconnus par les héritiers du prêcheur de Galilée, Jésus de Nazareth, pourtant radicalement innovateur. Ces Anciens inconnus des patriarches[9], présents au sein du peuple biblique depuis l'Egypte des Pharaons jusqu'à la Rome des Césars, d'où viennent-ils ? Sont-ils une spécificité biblique ? Qu'en est-il chez les voisins d'Israël et dans le Proche Orient en général?

---

[8] Les prêtres également traversent les époques mais ils ont subis des transformations importantes qui laissent des traces au niveau de l'institution et de leurs fonctions. Le plus important étant la mise en place du grand prêtre et du Sanhedrin aux époques perse et hellénistique.

[9] Leur présence dans le livre de la Genèse (Gen. 50,7) se limite à un verset où il est question des Anciens du pays d'Egypte auprès de Joseph.

II. Ce que disent les documents du Moyen Orient ancien

Remarquons d'abord que la Bible elle-même connaît des Anciens autres que Judéens ou Israéliens. Elle évoque des Anciens du pays d'Egypte en Gen. 50,7 tandis que les Anciens de Moab, de Madian et de Soucoth sont rapportés en Nb 22,7 et en Jg 8, 14-16. De plus, les données géographiques de la Bible ne laissent aucun doute quant à son enracinement dans le Moyen Orient ancien. En effet, comment comprendre les récits sur Abraham Si on y impute Ur des Chaldéens ? Que serait la figure de Moïse sans l'Egypte et ses pharaons ? Comment lire Jonas loin de Ninive ? Que nous dirait l'histoire d'Esther hors la ville de Suze ? C'est ainsi que dès la fin du 19ème siècle, les exégètes ont compris que la Bible construit ses récits et élabore ses codes à partir des réalités du monde proche oriental antérieur à elle. Elle emprunte à ce monde des traditions, des pratiques rituelles et des contextes sociopolitiques quitte à les réinterpréter. Actuellement, on est au courant des événements historiques ponctuels grâce à une documentation de mieux en mieux étoffée mais souvent ignorée du public fréquentant la Bible. Les palais, les temples et les villes fortifiées du Proche Orient ancien (Ebla (Syrie), Mari, Ninive, Palestine, Ougarit, Nouzi, El Amarina, Karnak, Pi-Ramsès, ...) ont livré d'intéressantes informations permettant une lecture renouvelée de ce dont il est question dans nos Bibles. Une importante partie de ces documents a déjà été explorée de sorte qu'aujourd'hui les exégètes mettent à profit ces travaux des orientalistes assyriologues et égyptologues. Des propositions d'une histoire relativement cohérente de l'Ancien Israël[10] et des essais de réévaluation des influences religieuses et profanes de cette partie de l'Orient ancien sur le monothéisme scripturaire[11] sont ainsi disponibles[12]. Que disent ces documents? Nous nous limiterons à des sources issues de l'ancienne capitale assyrienne Assur au 14ème -12ème siècle av. J. –C. et à ceux du palais de Mari[13] avec ses cités-états périphériques dont Imar ou Emar[14] à l'époque de

[10] On peut citer par exemple, M. Liverani, *La Bible et l'invention de l'histoire*, éd. Gallimard, Paris, 2007 ; R. Lebeau, *Une Histoire des Hébreu*, éd. Tallandier, Paris, 2012 ; T. Römer, J-D. Macchi, C. Nihan (éds.), *Introduction à l'Ancien Testament*, Labor & Fides, Genève 2009, p. 51-121 ; L. Mazzinhgi, *L'histoire d'Israël : des origines à l'époque romaine*, traduction française, Lumen Vitae, Bruxelles, 2007.

[11] Il faut garder en mémoire que le monothéisme biblique a laissé une empreinte durable sur notre culture. Nous sommes donc redevables à cet ancien monde Oriental.

[12] Ringgren, H., *La religion d'Israël,* Paris, Payot, 1966; De Vaux, R., *Les Institutions de l'Ancien Testament*, Vol I & II Paris 1997, 6e éd. revue ; T. Römer, *L'invention de Dieu*, éd. Seuil, Paris, 2014 ; T. Römer, *Moïse en version originale,* éd. Bayard, 2015 ; D. Faivre, *Idée de Dieu chez les Hébreux nomades*, L'harmattan, Paris 1996.

[13] Pour la datation des documents d'Assur, cf. Cardacia Guillaume (trad.), *Les Lois assyriennes*, éd. du Cerf, Paris, 1969, p.22. La fondation de Mari se perd dans le temps mais sa fin est située à l'époque du règne de Sargon II (722-705). Mari comme ville florissante a été parallèle à Agadé et à la 3ème dynastie d'Ur (fin 3ème millénaire (2112-2000). Avant les grandes formations politiques d'Assyrie et de Babylonie, Mari a connu différents monarques issus de population et de groupes tribaux forts variés. Nous sommes donc en face de l'un des plus anciens multiculturalismes connus à ce jour.

[14] Imar ou Emar était un port fluvial au Moyen Euphrate entre Mari et Karkemish.

Zimri-Lîm contemporain du grand Hammu-rabi au 1er quart du 2ème millénaire avant J.C[15].

A Assur, les documents rapportent l'existence des Anciens *Hamistum* ou groupe de cinq qui constituent une institution à côté des officiels qui sont: le Juge, le maire et le roi. Ils siégeaient dans l'assemblée de la ville et leurs décisions étaient scellées comme pièce légale à produire en cas de contestation ultérieure. D'Assur, nous retenons deux cas où le *Hamistum* intervenait : un dans le domaine agricole et un autre dans le secteur matrimonial:

> « S'il existe de l'eau de pluie susceptible d'être conduite à une terre irrigable pour la culture, les maîtres des champs s'aideront mutuellement : chaque homme effectuera le travail en ce qui concerne son champ et irriguera son champ. Mais si parmi eux il existe des non consentants alors le consentant qui est parmi eux, obtiendra une tablette des juges à l'encontre des non consentants. Le maire et cinq Anciens (notables) de la ville siégeront ...on le frappera de x coups de bâtons ; il fera x jours de corvée royale. »[16]

On voit ici que dans une société agricole en zone aride, la situation exigeait que les agriculteurs s'entraident. S'il y a litige, on a recours aux dispositifs légaux incluant les Anciens parmi les gardiens du droit. Le juge atteste le fait litigieux. Ensuite, le maire et cinq Anciens de la ville siègent et délivre une tablette avec la sentence[17].

> « Si une femme a été donnée en mariage et l'ennemi a pris son mari, elle n'a pas de beau-père ou de fils, elle demeurera deux ans fidèle à son mari. Pendant ces deux ans, si elle n'a pas à manger, elle ira et fera une déclaration. Si elle est dépendante du Palais, son ... la nourrira, elle travaillera pour lui. .... Si son mari tenait dans sa ville un champ et une maison en fief, elle ira et fera une déclaration aux juges, ainsi je n'ai pas à manger. Les juges s'adresseront au maire et aux Anciens de la ville ... on attribuera le champ et la maison pour son entretien de deux ans ... et on rédigera sa tablette. Elle accomplira deux ans et elle habitera avec le mari de son choix. ... »[18].

La femme en difficulté s'adresse aux juges qui s'adressent aux Anciens et aux scribes. Ces anciens ne sont ni juges, ni maire mais sont là pour la prise de décision. Il ressort de ces cas que les Anciens de la ville (*rabûtu sa ali*) assistent le maire comme autorité reconnue.

A Mari et dans les cités environnantes, on y observe différents mode de vie : sédentaire et semi-nomade. Le roi régnait sur tous, même les groupes mobiles pouvaient lui être soumis. Aussi, Zimri-Lîm régnait sur le royaume de Mari et sur des tribus Bédouines[19]. Parmi les sédentaires, il y avait des paysans agricul-

---

[15] Hammu-rabi aurait régné à Babylone de 1792 à 1750 tandis que Zimri-Lîm aurait régné à Mari de 1775 à 1762 av. J. –C. Les deux rois ont eu des rapports bien attestés. Cf. Lettres 286 et 287 ; *Documents épistolaires de Mari*, vol I p. 447-448

[16] G. Cardascia (Trad.), *Les lois assyriennes,* p. 288.

[17] La tablette B § 18 qui traite du thème des puits et de l'irrigation.

[18] G. Cardascia (Trad.), *Les lois assyriennes,* P. 217-218.

[19] Mari 6, p. 51. ; Sarah Merville & Alice Slotsky, *Opening the Tablet Box,* éd. Brill, Leiden-Boston, 2010, p. 50 Le roi dominait sur un certain territoire et tout ce qui y bouge lui doit allégeance sous

teurs-éleveurs et d'autres qui vivaient dans des structures urbaines. Ils vivaient les mêmes réalités politiques et économiques mais ne partageaient pas nécessairement les sensibilités religieuses et culturelles[20]. Ces cas relatés dans les documents suggèrent que les Anciens constituaient une véritable institution. Ils siégeaient dans l'assemblée de la ville et pouvaient sceller une tablette. L'ensemble de la documentation exploitée montre qu'à Mari et aux alentours, les Anciens participaient aux affaires sociales, juridiques, politiques et commerciales[21]. On les voit discuter des dispositions d'asile à donner ou non aux fuyards (cf. cas des Benjaminites, Mari, 6 p.54, 64):

> « Dis à mon seigneur : ainsi parle ton serviteur Ibâl-El. Ishme-Addu d'Ashnakkum, les Anciens du pays d'Ida-Maras, les Anciens d'Urkish, de Shinah, de Hurra et les Anciens du Yaptur sont allés à Malahatum ; Yatar-Malik de Shuduhum et Apil-Shin d'Ashnakkum, ainsi que les notables d'Urkish ont pris leur tête et sont venus, en disant : Tuons une chèvre et un chiot pour que nous jurions » ! Mais moi je n'ai pas été d'accord. J'ai dit : « de tout temps, jamais notre Seigneur Zimri-Lîm n'a tué une chèvre ou un chiot pour jurer. » J'ai acheté un âne pour de l'argent et j'ai fait tuer un ânon petit d'une ânesse ... » je leur ai imposé un serment par le dieu. En outre je leur ai dit point de négligence. Que la totalité de vos troupes aillent. Voila ce que je leur ai dit. Eux : nous irons. A présent, un accord de non-belligérance et de bonnes relations viennent d'être instaurés entre Bédouins et Ida-Maras »... » (Lettre de Mari n° 285 A.2226)[22]

Dans cette lettre, il est question des Anciens de cinq villes qui partent en mission pour négocier et conclure un accord de non belligérance. On indique aussi les noms des responsables de la délégation. La chose était assortie d'un rituel. On tuait une chèvre, un chiot ou une ânesse et on jurait. Il est spécifié qu'ils ont juré par le dieu mais la formule de conjuration ainsi que les termes exacts des clauses du pacte et les éventuelles malédictions y associées ne sont pas reproduites[23].

A Imar les Anciens figurent sur la liste mensuelle de distribution de textiles destinés aux leaders dont le roi. Ils pouvaient aussi être associés à la reine comme ses auxiliaires (Mari, 6 p. 29) ou être envoyés comme diplomates (cf. Mari 6, p.52). Il semble que la ville d'Imar ait été gouvernée par un conseil connu sous

---

peine d'avoir des ennuis via un réseau de cités-états et d'hommes de confiance qui les sillonnaient. Cf, M. Guichard, « Un David raté ou une histoire de habiru à l'époque amorite, p. 33-34 » in : J-M Durand, T. Römer et M. Langlois (eds.), *Le jeune héros. Recherche sur la formation et la diffusion d'un thème littéraire au proche Orient ancien,* éd.Academic Press Fribourg, Vandenhoeck & Ruprecht, Göttingen, 2011.

[20] J-G. Heintz, *Prophétisme et Alliance*, p.290

[21] L'avantage de ces documents c'est qu'ils rapportent des faits ponctuels. On peut ainsi mesurer la portée religieuse, politique, économique ou sociale de ces faits. Par contre, ils se prêtent moins à la généralisation et à l'évaluation de l'évolution sur le long terme (J-M. Durand).

[22] J-. M. Durand (Trad.), *Documents épistolaires du palais de Mari*, Vol. 1, p.445-446

[23] Le cas des serments par le dieu et par le roi (lettres 286-292) ainsi que les malédictions associées sont attestés dans le Proche Orient ancien. Le serment par le dieu, par la vie et par le roi était assorti de gestes (lever la main, toucher la gorge, verser de l'eau sur la main, manger et boire) et d'objets (farine, sang, représentation des divinités).

le nom de *Tahtanum* terme assimilé au « Conseil des anciens » ou à « l'assemblée du peuple ». Cette assemblée était autonome. Elle discutait avec le représentant personnel du roi de Mari (*Hassanum*) et pouvait diriger la ville en l'absence du roi local (Mari 6, p.55-57). Toujours à Imar, l'assemblé des Ancien recevait l'émissaire du roi de Mari et exécutait sa demande mais elle pouvait aussi refuser. Au sujet de l'épineuse question sur l'asile des rois Benjaminites par exemple, on peut lire ce qui suit :

> « ...Alors, il a convoqué les Anciens d'Imar. Il leur a donné l'ordre suivant : les rois de Benjaminites ne doivent pas habiter Imar. Faites les partir. Désormais, qu'ils n'y habitent plus jamais. Si derechef, ces gens entrent à Imar, Zimri-Lîm et moi-même, nous ferons la guerre. Voilà ce qu'il leur a dit. Ils ont répondu : nous avons fait partir ces gens. Désormais, plus jamais, ils n'entreront à Imar. ... » Mari 6, p. 65

Ici on voit que leur décision engage tout le monde (Mari, 6, p.65). Un autre cas pouvant épingler le rôle des Anciens est celui qui est attesté par la tablette A.885 où une délégation des Anciens de la Cité-Etat de Tittul est allée rencontrer les Anciens d'Imar afin de leur proposer de se révolter ensemble et de refuser de payer la taxe (*Sirum*) à Zimri-Lîm, roi de Mari. Ceux-ci ont refusé et ont proposé de rester fidèle à la couronne de Mari comme on reste fidèle à une divinité protectrice. On apprend que la délégation a apporté un jarre de vin ce qui suggère que la discussion se faisait autour d'un verre (Mari 6, p.52).

Qui étaient donc ces Anciens du Proche Orient ancien ? Les documents nous renseignent davantage sur leurs actions que sur leur histoire ou le groupe social à partir duquel ils étaient recrutés. Étaient-ils issus de notables ou de commerçants ? Seraient-ils des survivances de chefs de famille, de clan et de tribu des époques plus reculées ? C'est ce que suggère Jean-Georges Heintz qui voit les Anciens *sibutum* de ces documents comme des autorités traditionnelles propres aux sociétés semi-nomades organisées en tribus, clans et familles. Quant au *Tahtanum* assimilé au « Conseil des Anciens » à Imar, Jean Marie Durand propose de le voir comme issu de civilisations urbaines anciennes de Cités-Etats. Dans les deux cas, on peut conjecturer qu'ils représentaient les préoccupations quotidiennes des individus et de la collectivité.

Comme dans le cas de la Bible, on peut déjà indiquer qui ils n'étaient pas. Ils n'étaient pas des juges, ils n'étaient pas des maires, ils n'étaient pas des cheikhs (*Sugagum*), ils n'étaient pas des rois. Sur ce point, les cas relevés illustrent une certaine proximité avec ceux de nos Bibles : ce sont des piliers de la vie politique et sociale. Quant à ce qu'ils faisaient, ils se prononçaient sur les questions de toute catégorie : domestique, agricole, politique, diplomatique (Michaël Guichard, p. 70), fiscale et commerciale. Contrairement à ceux de la Bible qui œuvrent à l'ombre des autres institutions, ici les Anciens pouvaient sceller une tablette comme pièce juridique officielle. Leur assemblée était une institution reconnue comme auxiliaire du maire. Une autre similitude c'est que dans les deux cas, les Anciens fonctionnent aux côtés et en collaboration avec les institutions habituelles.

Malgré ces similitudes, sur un point capital les Anciens de la Bible se distinguent de ceux qui nous viennent de ces tablettes mésopotamiennes. Dans les tablettes mésopotamiennes, nous sommes en présence des sources primaires où on relate des faits ponctuels. Certains Anciens (ceux qui partent en diplomate surtout) sont nommés, leurs actions sont datées et localisées. Ce n'est pas le cas des Anciens dans nos Bibles. Dans la Bible, ils sont davantage mis en scène comme personnages littéraires au service d'une théologie en l'occurrence monothéiste. Le thème central de la Bible étant la dramatisation de la Présence divine indicible, les anciens sont mobilisés pour servir cette cause. Pour être pertinent, il faudrait analyser en détail leur mise en scène dans chaque texte, ce qui dépasse de loin les limites de cet article.

III. La mise en scène des Anciens dans l'AT

Avant d'aller plus loin, rappelons que la Bible, dans ses grandes lignes, se présente comme une histoire linéaire du peuple de l'Israël ancien pouvant se schématiser en huit étapes suivantes :

1. Après la préhistoire qui retrace les origines de l'humanité, on a la mise à part d'un ancêtre commun aux tribus, le patriarche Abram/Abraham et sa descendance.
2. L'Oppression en Egypte et l'Exode où toutes les institutions sont mises en place (lois sociales, religieuses, représentation, culte, fêtes et rituels).
3. Conquête sous Josué, répartition du territoire aux tribus et installation sous une organisation clanique.
4. La mise en place d'une monarchie sous David et Salomon.
5. Le schisme qui donna deux royaumes Israélien et Judéen
6. L'exil, Diasporas et désorganisation sociale : Diasporas de Babylone et d'Egypte, la déflagration des frontières et le mixage des peuples et des cultures
7. La restauration religieuse et sociale sous l'empire Perse.
8. Les luttes d'indépendances politique et culturelle à l'époque hellénistique.

Ce schéma des scribes est lui-même significatif. Il révèle différentes époques recouvrant des réalités historiques distinctes et mettant en avant des personnalités emblématiques dont chacun est porteur d'un sens à multiples dimensions. C'est selon ce schéma des scribes que nous allons suivre les Anciens auprès de personnages clés de ces époques de la vie du peuple biblique : a) les Anciens en compagnie de Moïse ; b) les Anciens avec Josué et les Juges ; c) les Anciens en compagnie des rois ; d) les Anciens à la restauration postexilique avec Esdras. A chaque époque ils incarnent les préoccupations du peuple mais sont également susceptibles d'être corrompus au même titre que les représentants officiels.

La mise en scène des Anciens aux côtés des personnages clés

a) Les Anciens dans l'histoire de Moïse

Textes concernés	Situation de mise en scène	Rôle des Anciens
Ex. 3, 16.18 Ex. 4,29	La vocation de Moïse, Négociation avec Pharaon	Pressentis par Dieu pour accompagner Moïse chez Pharaon
Ex. 12,21	Mise en place de la fête de Pâque	Immolent la Pâque ; Aspergent le sang sur les linteaux des maisons
Ex.17,5-6 ; 19,6 - 7	L'eau miraculeuse du rocher de Meriba et la rédaction des préceptes	Rôle passif, ça se passe sous leurs yeux ; Moïse leur remet les paroles de Dieu
Dt. 29, 8-14	La sainte convocation	Ils sont témoins du Oui du peuple
Ex.24, 1. 9.14 ; Dt 31,9 ; Dt 27,1	L'alliance au Sinaï et la rédaction des diverses lois	Ils burent, mangèrent et reçoivent une copie des préceptes
Lev 4,15	Sacrifice d'expiation	Participent à l'immolation de la victime
Nb 11,16	Murmures du peuple contre Moïse.	Reçoivent une part de l'esprit de Moïse et ils prophétisent
Nb 16,25 ; 22,4, 7 Dt 21, 2-6 ; 19,12 Dt 22,4.15.16-18 Dt 25,7-9	Diverses situations conflictuelles dont révolte de Korée et Dathan ; Meurtre non identifié ; Menace de violation des traditions.	Préviennent et gèrent les conflits internes et externes ; décapitent une génisse et lavent leurs mains sur elle. Font respecter la tradition
Nb 22, 4 & 7	Episode de l'âne de Balaam, le médium Régional	Les Anciens de Moab et de Madian négocient Balaam pour maudire Israël

Ce tableau montre que les Anciens sont présents aux moments clés de la vie publique de Moïse. Au mont Sinaï lors de son envoi en mission, Moïse apprend de Dieu lui-même que les Anciens vont l'accompagner chez Pharaon[24]. En plein

[24] Lors de l'instauration de Pâque, ils jouent les intermédiaires entre Moïse et le peuple. On s'étonne ensuite que ce soit à eux qu'on parle alors que c'est le peuple qui acquiesce comme s'ils étaient inter-

désert, ils assistent Moïse à diverses occasions. Lors du rituel de l'alliance avec Yahvé au Sinaï en Exode 24, ils mangèrent, burent et virent Dieu. Les livres des Nombres et du Deutéronome les associent au rituel des sacrifices, aux questions juridiques et à la gestion des rapports sociaux au niveau interne et externe. Leur occurrence dans les textes suggère que chaque fois que Moïse a eu besoin de reconnaissance, ils ont été convoqués. On dirait que même Dieu reconnaît que Moïse aura besoin de leur assentiment. Ainsi, dans la mise en scène aux côtés de Moïse, tout se passe comme si la législation mosaïque ne pouvait pas se concevoir sans eux. La question centrale est : De quelle autorité sont-ils donc porteurs ? Peut être représentent-ils ce dont il a toujours été question dans toute entreprise humaine : la vie ici, pressentie comme liée à un au-delà.

b) Les Anciens aux temps des Juges

Textes concernés	Situation de mise en scène	Rôle des Anciens
Jos 20,4 ; Jos 8,10 2Sam 17, 4-15	Expédition militaire et questions de droit	Accompagnent Josué à l'attaque de la ville d'Aï Gestion de villes de refuge Enquête sur les meurtres
Jug 11,5-10 ; 21,16 1 Sam 11,3 ; 15,3	Agression militaire par les voisins des tribus ; Agression externe et problèmes sociaux	Ils négocient et engagent Jephté pour les défendre Sont conseillers et témoins dans diverses situations
1Sam 4, 3	Retour de l'Arche de Silo	Décident de faire revenir l'Arche de Silo
1Sam 8, 4 ; 16,4 2Sam 3,17 ; 1Ch.11,1-3	Instauration de la royauté, choix et onction de David devient roi sur tout Israël	Négocient avec Samuel pour avoir un roi, Sur instigation d'Abner, Ils font alliance avec David à Hébron pour régner sur eux et ils l'oignirent[25]
Jg 8,14-16	Victoire de Gédéon sur les rois de Madian	Gédéon torture les Anciens de la ville de Souccoth
1Sam 30,26	Victoire de David sur les Amalécites	Ils reçoivent de David une part du butin de guerre

changeables.

[25] Oindre les rois est une pratique connue à Mari au 18ème siècle.

A l'époque pré-monarchique, les Anciens ont une autorité plus affermie et ils négocient au nom du peuple. Ils agissent de leur propre initiative ou se rassemblent convoqués par un leader militaire comme dans le cas d'Abner qui leur propose de négocier avec David afin qu'il devienne leur roi. Ici, ils sont plus proches de leurs homologues des sources externes.

c) Les Anciens sous la monarchie

Textes concernés	Situation de mise en scène	Rôle des Anciens
1R.8, 1. 3 ; 1Ch.15, 25 ; 1Ch 21,16 2Ch 5.2	Transfert et festivités autour de l'Arche ; Expiation du péché du Peuple	Présents auprès du roi David et ils s'humilient Avec lui
1R. 20.7-8	Provocation de Ben Adad, roi d'Assyrie	Ils conseillent le roi
2R 10.5	Jéhu massacre la famille d'Achab	Ils participent à la mise à mort des fils du roi

Sous la monarchie, la présence et l'influence des Anciens sont quasi-nulles. Auprès du roi David, qui a eu besoin de leur soutien tout au long de ses luttes, ils jouent des rôles variés dans les domaines social, politique et religieux. Après le schisme, leur présence s'estompe. Ils sont parfois consultés accompagnés d'autres représentants des institutions officielles : les chefs des tribus, les prêtres, les prophètes et les gouverneurs. Les décisions ultimes restent entre les mains des officiels.

d) Les Anciens lors de la restauration postexilique

Textes concernés	Situation de mise en scène	Rôle des Anciens
Esd. 5, 5. 9; Esd. 6, 7-8. 14;	Reconstruction du temple et des murailles	S'occupent des travaux. Informent le gouverneur
Esd.10, 8. 14	Convocation de l'assemblée sur la question des femmes étrangères	Font partie de ceux qui prennent les décisions

A l'époque de la restauration postexilique, ils sont surtout évoqués dans le cadre du rassemblement national pour résoudre la question des femmes étrangères et lors des travaux de reconstruction. Le représentant de l'empire perse s'informe auprès d'eux avant de rendre son rapport. Ils sont importants pour les travaux de relèvement mais on ne dit pas clairement quel rôle ils jouent. Les innovations doctrinales d'Esdras nécessitent leur présence alors qu'ils sont absents du livre de Néhémie, le gouverneur. Ils sont pris à témoins dans le livre de Ruth dont le but est de présenter un autre point de vue par rapport aux doctrines exclusives d'Esdras.

De toutes ces occurrences dès l'époque du désert jusqu'à la restauration sous la domination perse, on peut retenir quatre choses :

1. La diversité des situations où leur présence est requise montre qu'ils participent à tous les niveaux de la vie du peuple ;
2. Le fait que les prophètes s'en prennent à eux suggère qu'ils ont une influence certaine et qu'ils détiennent certaines responsabilités.
3. Le fait d'être vus aux côtés des officiels sans être confondus avec eux plaide en faveur de l'idée qu'ils représentent des réalités qui ne s'épuisent pas dans les institutions régulières.
4. La liste des tâches non religieuses qu'on leur assigne et le silence quant à leur éventuel protocole de mise en place les désignent comme des représentants naturels, profanes ou agnostiques.

Finalement, ces différentes situations textuelles suggèrent que les auteurs bibliques font recours aux Anciens pour « théologiser » les réalités historiques agnostiques dont ils sont porteurs. Un décryptage plus approfondi de chacun de ces passages révèle une série de stratégies littéraires de leur mise en scène et la manière dont les Anciens deviennent agents d'innovation tout en restant le fil ténu qui relie l'ancien et le nouveau.

Conclusion : Les Anciens dans l'AT comme trace de la résistance des préoccupations quotidiennes ou comme une paradoxale voix profane à travers le religieux ?

On peut retenir du parcours précédent que les Anciens sont des témoins d'une vie non religieuse et quotidienne et les garants de l'ordre socioreligieux local avant, pendant et après l'élaboration de la Bible. Ils portent les traces des réalités historiques des diverses époques. Il ressort des analyses sommaires présentées plus haut que les auteurs bibliques les mettent en scène au service de la théologie sans pouvoir gommer ce qu'ils représentent réellement, les faits et vécus quotidiens débordant le domaine religieux habituel. Pour reprendre l'idée de Bernard Levinson au sujet de ces stratégies littéraires, nous dirions que les Anciens participent à « la création d'un passé idéal invoqué pour aider à forger l'avenir ». De ce point de vue, ils se présentent comme de véritables agents de sécurité ou bouées de sauvetage en période de crise. Ils véhiculent les forces intemporaires inhérentes au vécu humain dans des sociétés organisées et hiérarchisées où la représentativité est un impératif. Ils permettent de débusquer les éléments de la société israélite avant la mise en place de la religion biblique monothéiste dont nous avons hérité. Le génie des auteurs bibliques est de les avoir reconnus pour ensuite les instrumentaliser, transmuer ces vécus en forces de résistance, en outils de résilience pour traverser les crises, que les idéologies dogmatisées peinent à maîtriser.

La présence des Anciens aux côtés des prêtres et des prophètes de la dernière phase suggère qu'ils peuvent incarner des réalités que ces derniers ne peuvent exprimer. S'ils sont porteurs d'une voix non religieuse, quel est le rapport entre les réalités qu'ils représentent et le Religieux et/ou le Spirituel avoué du texte biblique ? Sont-elles en confrontation ou en complément du religieux et du spirituel ? Les réponses vont certainement varier selon les textes.

Pour terminer, soulignons que le thème nous a conduit à opter pour une plaidoirie en faveur d'une lecture canonique qui chercherait à déployer la plénitude des réalités humaines déjà latentes dans nos textes. Les Anciens bibliques nous ont semblés plaider pour une reconnaissance de points de vue non religieux, neutres, agnostiques qui ramènerait le Dieu biblique parmi les hommes dans leurs préoccupations quotidiennes. Une telle lecture aurait des incidences concrètes dans nos pratiques. Sur le plan sociologique et le « vivre-ensemble », les guerres saintes redeviendraient humaines et leur gestion serait à la portée de nos représentants. Sur le plans religieux, le spirituel redeviendrait la quête de l'ultime au lieu d'une série de vérités qu'on servirait sur un plateau et qu'il suffirait alors de répéter. Les Anciens invitent à la reconnaissance d'une Bible profondément humaine à redécouvrir et à lire en tenant compte de *nos propres réalités sociales, économiques, politiques, religieuses, intellectuelles* et technologiques qui n'ont pas été *envisagées* ni même pressenties *par les scribes* (Levinson).

Bibliographie

- « Elders », in *Ancyclopedia Judaica*, 1972, Vol. 6, col. 578-580
- Buis Pierre, *La notion d'alliance dans l'Ancien Testament*, éd. Du Cerf, Paris, 1976
- Cardacia Guillaume (trad.), *Les Lois assyriennes*, éd. du Cerf, Paris, 1969.
- Démare-Lafont Sophie & Lemaire André, *Trois millénaires de formulaires juridiques,* Droz S.A., Genève, 2010.
- Durand Jean Marie (trad.), *Documents épistolaires du palais de Mari* vol. I-III, éd. du Cerf, Paris, 2002- 2009.
- Durand Jean-Marie, Römer Thomas et Langlois Michaël (eds.), *Le*

jeune héros. Recherche sur la formation et la diffusion d'un thème littéraire au Proche Orient ancien, éd. Academic Press Fribourg, Vandenhoeck & Ruprecht, Göttingen, 2011
- Faivre Daniel, *l'Idée de Dieu chez les Hébreux nomades*, éd. L'Harmattan, Paris, 1996
- Heintz Jean-Georges, *Prophétisme et Alliance, Des Archives royales de Mari à la Bible hébraïque*, éd. Academy Press Fribourg et Vandenhoeck & Ruprecht Gottingen, 2015
- Jaubert Annie, *La notion d'alliance dans le judaïsme aux bords de l'ère chrétienne*, éd. Du Seuil, Paris, 1963
- Lenvinson Bernard, *L'herméneutique de l'innovation,* éd. Lessius, Bruxelles, 2005
- Margueron Jean (réd), *Mari, Annales de Recherch interdisciplinaires, 6,* éd. Recherche et Civilisations, Paris, 1990
- Merville Sarah & Slotsky Alice, *Opening the Tablets Box*, éd. Brill, Leiden. Boston, 2010.
- Michaeli Frank, *Le livre de l'Exode*, éd. Delachaux et Niéstlé, Paris, 1974.
- Walzer Michael, *Dans l'ombre de Dieu, la politique et la Bible*, éd. Bayard, 2016.

Johannes Taschner

Een maaltijd met God (Ex 24,9-11)*

0. Inleiding

Op de berg Gods vindt na de bevrijding van Israël uit Egypte een eenmalige maaltijd plaats, die er in deze vorm eerder nog nooit geweest is en er zo ook nooit meer zal zijn:

> *9 Mozes en Aäron bestegen de Berg Sinaï en met hen Nadab en Abihu en zeventig oudsten van Israël.*
> *10 Zij zagen de Godheid van Israël: onder hun voeten was er iets zoals een kunstwerk van lapis lazuli, zo helder als de hemel zelf.*
> *11 Maar zij strekte haar hand niet tegen de mensen uit die Israël vertegenwoordigden. Zij aanschouwden de Godheid en aten en dronken.*

Deze kleine scène bezegelt de in zijn kern onverwoestbare relatie tussen God en zijn volk Israël. Waaruit bestaat deze relatie? In welke verhouding staan Gods toewijding en eisen tot elkaar? Kan Israël de kwaliteit van deze relatie met God in gevaar brengen? Hierom gaat het in het volgende.

Mozes, Aäron en hun twee zonen gebruiken samen met de 70 oudsten een maaltijd en zien daarbij de God van Israël. God te zien is volgens uitspraken in veel Bijbelse teksten altijd gevaarlijk. Het bijzondere aan het aanschouwen van God waarvan in onze tekst bericht wordt, is echter dat niemand hier iets heeft te vrezen. Uitdrukkelijk wordt gezegd dat de Godheid haar hand niet tegen hen uitstrekt die aan deze maaltijd deelnemen. Het is regelrecht een eensgezinde scène. Deze is een hoogtepunt en uitblinker in de anders wel eerder conflict beladen relatie tussen God en mens.

Lezers van deze tijd wier wereldbeeld door de empirische natuurwetenschap beïnvloed is, zullen er echter problemen mee hebben dat er in deze scène sprake is van de 'aanschouwing Gods'. Zulke ervaringen behoren niet bepaald tot het repertoire van onze alledaagse ervaringen. Natuurlijk kunnen we nu de klassieke interpretatietrucs ter hand nemen en het over een 'mythische' manier van spreken hebben en keurig zoals het hoort het 'ontmythologiseringsprogramma' inschakelen door te proberen een 'waarheid' uit de mythe te destilleren. Dan valt echter te duchten dat we uiteindelijk een zeer abstract destillaat in handen houden en de simpele helderheid van Gods Bijbelse manier van spreken verloren gaat.

---

* Vertaald in het Nederlands door Esther Hombergen.

Het laat zich mijns inziens aantonen dat de vraag: "Hoe kan het dat mensen God zien?" of liever gezegd: "Hoe kan het dat mensen tegenwoordig God niet meer zien als hij bestaat?" een van de kernvragen van de tekst zelf is. Het grotere vertelverband waarin onze kleine scène verscholen ligt, kan als toelichting worden gelezen voor het feit dat er na deze maaltijd met de Godsaanschouwing geen verdere meer zullen voorkomen. Pas als we deze maaltijd in zijn grotere verband lezen, wordt het unieke van deze ontmoeting duidelijk en daarmee ook waarom er geen herhaling mogelijk kan zijn. Natuurlijk wordt dan de vraag opgeworpen waarom dit dan überhaupt nog wordt verteld.

1. De verhaallijn

Mozes' roeping vindt plaats op juist die berg waarheen Israël na zijn bevrijding zal komen om daar een eredienst te houden (Ex 3,12). Na de beschrijving van de dramatische gebeurtenissen in Egypte en de eerste weken van de trektocht door de woestijn, doet zich precies dat voor: Israël trekt het gebied Sinaï binnen en komt uiteindelijk bij precies deze berg aan (Ex 19-34). Nu is het tijdstip voor de eredienst gekomen waarvan in de roepingsgeschiedenis sprake was. Blijkbaar bestaan er echter nog geen ritueel en geen liturgie voor deze ontmoeting. Juist de beschrijving van het eerste contact op de berg Gods in Ex 19 wekt de indruk – en dit is in onze kerkelijke en theologische traditie een beetje ongebruikelijk – dat het volk Israël en zijn Godheid elkaar ten allereerste moeten leren kennen. Zeker had Israël met deze God reeds in Egypte zijn ervaringen opgedaan, maar deze ontmoeting aan de berg Gods is nog eens door een heel andere directheid gekenmerkt. Er ontwikkelt zich een dialoog tussen Israël en zijn Godheid waarbij Mozes de bemiddelaarsrol aanvaardt (Ex 19,3-15), Israël moet zich op deze ontmoeting cultisch voorbereiden (Ex 19,10) en uiteindelijk verschijnt God waarneembaar voor het hele volk. Er ontstaat in de loop van dit hoofdstuk een verhaallijn die met beschrijvingen van het elkaar leren kennen van twee geliefden vergelijkbaar is. Het gaat om het uitbalanceren van nabijheid en afstand, om heilige schroom en vertrouwensvormende maatregelen. Het gaat om verschillende stadia die de relatie doorleeft. Zoals iedere vergelijking heeft ook deze natuurlijk zijn mankementen. Ons ideaal van partnerschap gaat zeker van veel minder hiërarchische relaties uit. En toch wordt hier van veranderingen – ook van God – bericht, die we heden in de kerk en de in de wetenschap gebruikelijke theologie eerder zelden tegenkomen.
Wie dit hoofdstuk Ex 19-34 eens onbevangen doorleest, stuit ook op allerlei breuken, spanningen en tegenstrijdigheden. Deze worden door de exegetische wetenschap als sporen van een langer groeiproces geduid. Het zijn sporen van een theologische uiteenzetting waarbij het erom ging, wie wanneer en met wie en hoe in deze oprichtingstijd van de relatie tussen Israël en zijn Godheid tot het allerheiligste mochten doordringen, welke personen mee de berg op mochten,

welke rituelen ten uitvoer te brengen waren. Waarschijnlijk zal het daarom nooit lukken een volgens onze gezichtspunten volledig logische handelingsvolgorde van de gebeurtenissen op de Sinaï te reconstrueren. En toch vormt het verhaal een spanningsboog die gevoed wordt door het feit dat het om een verhouding gaat die aan het einde niet meer zo is als in het begin.

2. *De sabbat*

Israël komt in de derde maand na de uittocht uit Egypte in de Sinaïwoestijn aan (Ex 19,1). Deze tijdsaanduiding kan als verborgen indicatie op worden gevat voor het feit dat het een sabbattijd is waarin al het volgende gebeurt. Na zes weken in de woestijn 'ontdekt' Israël pas het sabbatgebod (Ex 16): op de zevende dag mag geen hemelbrood verzameld worden omdat het een "heilige dag voor Jhwh" (V.23) is. Dit 6:1 ritme loopt nu dus ook hier als een rode draad verder door tot Ex 19: na zes weken wordt de sabbat ontdekt en na verdere zes weken begint de grote eredienst waarvan al bij Mozes' roeping sprake was. Deze tijdsaanduiding is in zoverre wezenlijk dat de sabbat reeds in de schepping verworteld is (Gen 1,1-2,4a). Ze bereikt door Israëls rechtstreekse ontmoeting met God hier op de Sinaï, die natuurlijk het oerbeeld aller latere erediensten vormt, haar doel. "Op de Sinaï wordt dus aan Israël het scheppingstheologische geheim der zevende dag onthuld zoals in de cultische aanwezigheid van de in de 'ontmoetingstent' verblijvende Sinaïgod [...] en in het vieren van de eerste lofofferdienst [...] de scheppingsintentie van God gemeenschap met de mensen te hebben, voor Israël concreet ervaarbare werkelijkheid wordt." (Janowski)

3. *De Sinaï*

Bij elke belangrijke samenkomst is de plaats van grote betekenis, zoals dat bij een eerste ontmoeting van een op elkaar verliefd stel dus ook het geval is. Het moet toch wel een boven het alledaagse verheven, bijzondere plaats zijn waaraan beiden zich later graag herinneren. Jhwh heeft deze, zoals boven reeds vermeld, bij Mozes' roeping bepaald. Afspraak (Ex 3) en bijeenkomst (Ex 19) omlijsten het verhaal van de bevrijding uit Egypte. De berg in de woestijn waarop de gemeenschap met God gevierd wordt, wordt zodanig tot tegenpool van de verslavende hoge cultuur van Egypte. Als plaats van de gave der geboden die dan in het beloofde land moeten gelden, blijft hij onttrokken aan de greep van de overheidsinstituties. Aldus wordt de Sinaï een 'u-topisch oord'.

4. Afstand en nabijheid

Geen ontmoeting zonder het in evenwicht brengen van nabijheid en afstand. Dit geldt natuurlijk met name voor de eerste samenkomst. Om dit spel in het kader van onze tekst te kunnen bevatten, is het de moeite waard de topografie van de Sinaï voor ogen te houden. Daar is sprake van de top van de berg, zijn voet en van de "woestijn Sinaï" (Ex 19,1) waarin deze berg ligt. Het is duidelijk dat daarachter de niveaus van heiligheid zoals we deze dan ook in de bouwbeschrijvingen van de tempelzones terugvinden (Ex 26,33-34). Zo wordt de tempel tot een evenbeeld van de berg Sinaï.

Eerst komt het volk hier "tegenover de berg" (Ex 19,2) aan, slechts Mozes bestijgt de berg alleen. De eerste woorden van Jhwh op de Sinaï betrekken echter het gehele volk erbij hoewel ze niet op de bergtop zijn: "Jullie hebben gezien hoe ik Egypte behandeld heb. Jullie echter, heb ik als op adelaarsvleugels hierheen gebracht. Als jullie nu naar mij luisteren en je ook aan mijn geboden houden, dan zullen jullie onder alle volkeren mijn uitverkoren eigendomsvolk zijn, want aan mij behoort de hele wereld toe. Jullie zullen voor mij een koninkrijk van priesters en een heilig volk zijn." (Ex 19,5+6) Dit klinkt bijna zoals de overgrote verwachtingen die bij de eerste ontmoeting van twee geliefden weerklinken. Typisch genoeg is aan deze innige gemeenschap ('uitverkoren eigendomsvolk' en 'koninkrijk van priesters') een voorwaarde verbonden: 'Als jullie naar mij luisteren en je aan mijn geboden houden' Nu valt in het verdere verloop van de beschrijving op dat Mozes deze boodschap de oudsten voorlegt (Ex 19,7), maar dat het hele volk antwoordt dat het wil doen wat Jhwh zegt (V.8). Daarop komt het tot een eerste poging de communicatie tussen Jhwh, Mozes en het volk vast te leggen: Jhwh wil in een dichte wolk naar Mozes komen en met Mozes praten, zodat het volk het kan horen en Mozes voor altijd vertrouwen zal schenken (V.9).

Hier volgt de duidelijke afgrenzing van de berg als heilig gebied. Het hele volk moet zich echter aan een cultische reiniging onderwerpen (Ex 19,10) en Mozes' reeds bovengenoemde drukke diplomatie-activiteit begint. Daarbij wordt uitgekristalliseerd dat Mozes en Aäron in ieder geval tot degenen behoren die tot op de top van de berg mogen. Tegelijkertijd komt het gevaar dat ermee verbonden is de Godheid van Israël te benaderen steeds meer tevoorschijn.

Dit is de verhalende samenhang waarin de Tien geboden van Jhwh nu voor het gehele volk hoorbaar geopenbaard worden. Helaas worden ze in onze traditie maar al te vaak uit hun vertellende samenhang gerukt. Juist het beeldenverbod verschijnt tegen de achtergrond van de ontmoeting met de heiligheid van Jhwh nog eens in een heel ander licht. Geen enkel beeld kan de diep fascinerende ervaring waarover hier verteld wordt, ook maar in het geringste te pakken krijgen. Of het volk de tien geboden eveneens in woorden gevat verneemt, of dat het alleen hoort dat ze verkondigd worden, is een onderwerp van uitgebreide exegetische debatten. Vaststaan doet het in ieder geval dat het volk na deze verkondiging Mozes verzoekt zijn bemiddelingsfunctie uit te oefenen: "Spreek tegen ons, wij willen naar jou luisteren. God mag niet met ons spreken zodat wij niet sterven" (Ex 20,19). Mozes geeft deze wens van het volk gehoor. Terwijl het volk de afstand tot God bewaard, benadert Mozes "het donker, waarin God is" (Ex 20,21). Dit komt dan overeen met de afspraak die in Ex 19,9 gemaakt werd.

Daarop volgt de bekendmaking van de eerste verzameling van geboden, waarvan de inhoud ons nu niet verder bezig hoeft te houden. Voor onze aangelegenheid is het sluiten van het volgende verbond (Ex 24,1-11) belangrijk. Wezenlijk bestanddeel van deze ceremonie is volgens Oud-Midden-Oostelijke traditie altijd de proclamatie en het op schrift stellen van de wetten, die vanaf het tijdstip van het sluiten van het verbond moeten gaan gelden. Een gemeenschappelijke maaltijd kan bestanddeel van de afsluitende ceremonie zijn. Ook een menselijke liefdesrelatie heeft op een gegeven moment eerste regelingen nodig, zodat ze geleefd kan worden. De maaltijd is zo tevens als plechtigheid en bezegeling van het nieuw opgerichte verbond op te vatten. Terwijl er van tevoren nog sprake van was dat Mozes alleen respectievelijk dan toch met Aäron de berg op mocht, wordt nu de kring tot de 70 oudsten en de zonen van Aäron uitgebreid. De oudsten van Israël vertegenwoordigen het volk en kunnen heel verschillende functies aanvaarden.

5. Heilig!

We hebben in dit verhaal Ex 19-34 met een concept van het heilige te maken dat als tegengestelde van het profane op te vatten is. We hebben afgegrensde gebieden, oorden, niveaus van heiligheid. We hebben bemiddelaars, priesterlijke gedaantes die toegang tot deze heilige gebieden en handelingen hebben. Wie met de heiligheid van God te maken krijgt, is volgens Bijbelse getuigenis verschrokken en gefascineerd tegelijk. Dit zijn ervaringen waardoor mensen echter ook midden in het dagelijks leven overweldigd kunnen worden. Het duikt in de Bijbelse teksten ook altijd weer samen op met toorn, geestdrift en de rechtbank van God. (Dtn 5:23; Jos 3:10-11; Jer. 10:10). Het onttrekt zich aan elke rationele categorisering en laat deze exploderen. Natuurlijk zijn 'toorn' en 'geestdrift' begrippen die aan het natuurlijke en het dagelijks leven ontleend zijn en maar heel ontoereikend het mysterie beschrijven waarom het hier eigenlijk gaat. Het is ook bevorderlijk voor het kritisch betrachten van de manier waarop er over God gesproken wordt. Al te vaak wordt God in de Kerk gebagatelliseerd, ja gebanaliseerd. De Bijbelse teksten houden daartegenover vast dat de ervaring van de heiligheid van God wel degelijk ook met vernietiging en catastrofes vergezeld kan gaan. Juist dan kunnen de mensen tot het geheim doordringen dat niets vanzelfsprekend en daarmee de hele schepping heilig is (Jes. 6).

Het bijzondere aan de maaltijd in Ex 24:9-11 is nu, dat de mensen die erbij zijn de heiligheid van Jhwh niet meer als bedreigend ervaren. De Godheid strekt haar hand niet meer tegen hen uit. Onder hun voeten was er iets zoals een kunstwerk van lapis lazuli, zo helder als de hemel zelf. (Folie 4). Israël is uit de slavernij bevrijd en alleen al daardoor aan het alledaagse onttrokken. Met het numineuze, fascinerende en schrikbarende wordt nu een vertrouwde omgang gepleegd. Eten en drinken, een goed 'gerecht' doorbreekt de sleur van het dagelijks leven en biedt de mogelijkheid alles in een nieuw licht te laten verschijnen.

6. Crisis en verdieping

Waarom kan een gastmaal in die vorm zoals het in Ex 24,9-11 beschreven wordt niet meer voorkomen? Hoe luidt nu de Bijbelse verklaring van het feit dat we God niet (meer) kunnen zien?
Als Mozes lang – 40 dagen en nachten – alleen op de berg blijft, wordt het volk ongeduldig en bouwt een beeld van Jhwh. Het gouden kalf is niet gewoon een andere god, nee, aan hem worden precies die attributen toegeschreven die eigenlijk Jhwh toebehoren: Zijn naam en Zijn daden (Ex 32,4). Al het van tevoren beschreven aftasten en peilen van de nabijheid van God, het geheimkarakter van deze verhouding wordt hier voor eens en voor altijd terzijde geveegd. Alle bemiddelingsinstanties worden genegeerd en in eigen regie wordt gegoten, wat geen vragen meer opwerpt omdat het de eigen perceptie zo dicht benadert.

Als reactie op deze ontrouw volgen lange conflictgesprekken tussen Mozes en Jhwh. Hier ontpopt Mozes zich als doortastende voorspreker die op geen van de verleidelijke voorstellen van Jhwh ingaat (Ex 32,10) en wie het in plaats daarvan lukt, God zodanig om te stemmen dat hij het volk weer als het zijne erkent (Ex 33,12-17). En dan komt de grote uitspraak waar helaas maar al te vaak overheen gelezen wordt: „Ik schenk genade, wie ik genade schenk" (Ex 33,19). Deze zin is het equivalent van het "Ik ben, wie ik ben" in het roepingsverhaal van Mozes (Ex 3,10). De Godheid van Israël is daarmee niet alleen bevrijdend, maar ook genadig. Op die manier ervaart haar verhouding tot haar volk nog eens verdieping. Evenwel is zo'n lumineuze topontmoeting zoals die in onze tekst beschreven wordt niet meer mogelijk: Mozes kan nu nog achter Jhwh aankijken (Ex 33,22) en met hem praten, zoals dit met een vriend gaat, maar van aangezicht tot aangezicht, dat is niet (meer) mogelijk (Ex 33,20). Op deze manier wordt elke wens de Godheid van Israël te zien, zoals Mozes, Aäron, Nadab en Abihu en de 70 oudsten Jhwh op de berg Sinaï zagen toen ze aten en dronken, naar het verhaal met het gouden kalf verwezen en daarmee ook naar de genade van Jhwh.

7. Maar toch: vertellen!

Waarom is het dan toch belangrijk aan dit 'oermaal' op de berg Sinaï te herinneren? Misschien kan ook dit met hulp van de analogie van een liefdespaar aanschouwelijk gemaakt worden: als het paar na veel conflicten toch nog op trouwdagen het 'eerste rendez-vous' oproept, dan weet het precies dat het nooit meer zo zal zijn als bij het eerste 'maal'. Toch blijft de gemeenschappelijke herinnering daaraan iets waar je niet omheen kunt. Alle maaltijden die daaraan herinneren, hebben in dit eerste 'maal' hun oerbeeld. Het licht en de energie van die gebeurtenis schemert dan door de tijd heen en verleent alle daaropvolgende maaltijden iets van zijn onmiskenbare glorie. Tegelijkertijd wordt daardoor duidelijk dat de relatie van Israël tot zijn God niet afhankelijk is van het opvolgen van wat voor geboden dan ook, maar in zijn kern onverwoestbaar is. God blijft Israëls God, ook na de gebeurtenis met het gouden kalf. De omstandigheid dat wij God niet kunnen zien, herinnert ons aan het complexe relatie-vinden op de Sinaï en aan Gods genade en barmhartigheid.

Jeroen Hozée,

Luther, middeleeuwse monnik in een nieuwe tijd. Waarom had Maarten Luther succes en waarom werd hij gesteund?

Inleiding

Het is een opmerkelijk feit dat Maarten Luther (1483-1546) in tegenstelling tot andere hervormers in de kerk wel navolging kreeg en zelfs bescherming kreeg. De reden hiervoor kan niet alleen in zijn ideeën worden gezien, er zijn daarnaast een aantal niet-theologische factoren. Daar ga ik in dit artikel op inzoomen. Waarom wilden Duitse edellieden grote risico's nemen voor het beschermen van nieuwe ideeën? Namen ze wel grote risico's? Hadden ze misschien een andere beweegreden?

Deze vragen wil ik nader bekijken. Ik hoop door de achtergrond van zijn tijd en de politieke en sociale veranderingen die toen plaatsvonden te analyseren te kunnen achterhalen waarom de ideeën van Luther de grote doorbraak kenden.

Ik vermoed dat de wereld door veel verschillende factoren grote veranderingen had gekend en dat er als een logische reactie op deze veranderingen een hele reeks gebeurtenissen in gang werden gezet.

Ik vermoed dat Luther niet de oorzaak was van de grote veranderingen in zijn wereld, maar dat hij gebruikt werd door sommigen van zijn tijdgenoten en dat hij ingezet werd voor hun zaak.

Dat hij gebruikt werd voor het bereiken van een ander doel betekent niet dat zijn eigen ideeën minder waard zijn of dat zijn denken geen invloed gehad kan hebben op anderen.

Ik wil het oorzakelijk verband tussen de ideeën van Luther, de renaissance en de reformatie kritisch bekijken.

De motieven van de spelers in de intriges rond de beschuldiging en de bescherming van Luther wil ik onderzoeken. Ik wil achterhalen of zijn ideeën zo vernieuwend waren dat hij gesteund werd vanuit een oprecht idealisme of dat hij gebruikt werd voor de belangen van anderen.

De ideeën van Luther

Om zeker te weten of de ideeën van Luther echt zo baanbrekend en uniek waren moeten we ze vergelijken met de ideeën van andere denkers uit zijn tijd en vóór hem.

De eerste waar we aan denken is uiteraard Jan Hus (1370 - 1415). Luther werd immers ondervraagd over zijn sympathieën voor deze ideeën.

De belangrijkste motivatie voor Jan Hus was het sociale onrecht dat hij om zich heen zag[1], hij reageerde sterk op het vergaren van rijkdommen door de kerk. Zelf was Jan Hus van een arme afkomst en hij zag een zich rijker makende kerk terwijl er een grote groep armen was in de samenleving.

De wereld van de veertiende eeuw was een veranderende wereld. De steden waren groter en belangrijker geworden dan in de vroege middeleeuwen en met de opkomst van de stad was de macht van de handelaren en de gilden in de steden groter geworden ten opzichte van de macht van de adel en de geestelijkheid[2].

Door de verschuivingen in macht en economie waren er ook grote groepen armen bijgekomen. De kerk reageerde traag op deze veranderingen en dat was voor Jan Hus een reden om de kerkstructuren en de belangen in vraag te stellen.

De oorzaak en het succes van de beweging rond Jan Hus kan gezocht en gevonden worden bij sociale veranderingen in zijn tijd waar de toenmalige kerk niet alert op reageerde.

Ook in de dagen van Luther waren er sociale en economische veranderingen gaande.

Luthers kritiek op de aflatenhandel stelde ook het verrijken van de kerk in vraag. Maar hij ging er hierbij wel van uit dat de paus niet op de hoogte was van alle wantoestanden die Luther zag.

De oorspronkelijke aanklacht tegen de aflaten van Maarten Luther was eerder een terugverlangen naar een vroegere ideale tijd, en geen oproep tot vernieuwing en verandering.

Vanuit middeleeuws perspectief gezien zouden de stellingen van Luther geen opzien hebben moeten baren.

Er was echter een volledig nieuwe factor in zijn tijd. De boekdrukkunst was uitgevonden en daardoor werden deze stellingen en de reacties erop door anderen al snel verspreid. Al gauw was er een discussie gaande over heel Europa, het was een discussie die gevoerd werd met pamfletten, niet geheel onvergelijkbaar zoals tegenwoordig discussies in sociale media gevoerd worden.[3]

De discussie leek, ook voor de toenmalige paus, Leo X (1475 - 1521), nog het meest op een theologische ruzie tussen dominicaner en augustijner monniken. Dergelijke ruzies en geschillen kwamen vaker voor en waren geen reden voor grote zorgen.

Er waren in deze ruzie die uitgevochten werd met gedrukte pamfletten wel enkele heel opvallende elementen.

---

[1] *Le Mouvement Hussite en Bohême*, Josef Macek, Orbis, Praag, 1965, p. 22 e.v.

[2] *Le Mouvement Hussite en Bohême*, Josef Macek, Orbis, Praag, 1965, p. 12

[3] *Reformation Europe's House Divided 1490-1700,* Diarmaid MacCulloch, Penguin Books, Londen, 2003, p. 124

Luther had ervoor gezorgd dat de eerste persoon die ook een kopie van de stellingen ontving, met een begeleidend schrijven erbij, de aartsbisschop Albrecht van Brandenburg (1490 - 1545) was.

Deze aartsbisschop was de opdrachtgever van de aflatenhandel waartegen Luther protesteerde. Hij bracht de geschriften van deze augustijner monnik onder de aandacht van de paus. De paus wou zich niet bemoeien met iets dat leek op een theologische discussie tussen monniksorden zoals er zo vaak discussies waren en hij beval de augustijnen in Duitsland om hier zelf een oplossing voor te bedenken.

De ideeën van Luther waren niet zo uitzonderlijk en ze pasten in het middeleeuwse denken.

Men verweet hem later, toen hij in Worms voor de keizer moest verschijnen, dat hij de ideeën van Jan Hus navolgde. De aanklachten waren dus niet gebaseerd op zijn eigen ideeën, omdat deze ideeën niet zo schokkend waren voor de toenmalige wereld.

Een monnik die vindt dat geld vergaren geen doel van de kerk mag zijn is eigenlijk heel normaal. Monniken hadden zichzelf buiten de maatschappij gezet en hadden een gelofte van armoede gezworen, al betekende die gelofte voor elke orde iets anders afhankelijk van hun eigen interpretaties.[4]

Wat in deze situatie bijzonder was, was het kluwen van belangen waarin Luther zich gemengd had. Aartsbisschop Albrecht van Brandenburg had de opdracht gegeven om aflaten te verkopen omdat hij in geldnood zat. Deze handel werd door een eenvoudige monnik in vraag gesteld en daarom wou de aartsbisschop niets liever dan deze monnik het zwijgen op te leggen.

De geldnood van de aartsbisschop was een gevolg van de veranderde wereldsituatie in de zestiende eeuw.

De wereld in de vroege zestiende eeuw

Door de ontdekkingen van nieuwe continenten was de wereld voor de Europese mensen letterlijk vergroot. Er waren nieuwe goederen die op de markten kwamen. Er was goud gevonden in de nieuwe wereld en voor het eerst in lange tijd werden er nieuwe munten geslagen.

De economie groeide veel harder dan iemand uit die tijd kon voorzien. Door nieuwe ontdekkingen werd de navigatie naar de nieuwe kolonieën veiliger en efficiënter.

Hierdoor werden onderzoek en uitvindingen gepromoot. Nieuwe uitvindingen konden door hun toepassing een efficiëntere manier garanderen om nog meer rijkdom te verwerven.

---

[4] *Hemelse monniken aardse mensen*, Ludo Milis, Hadewijch, Antwerpen, 1995, p. 66 e.v.

Door alle snelle veranderingen in de wereld veranderde de plaats van de mens in het wereldbeeld ook. Voorheen waren alle verhoudingen vaststaand als gegeven door God. Nu konden mensen dromen van rijker te worden dan de koning door de handel met de kolonieën.

In de middeleeuwen reisde men van stad naar stad, van kerktoren naar kerktoren. Nu kwam het besef dat men kon uitrekenen waar men was op de wereld en dat de bakens van de kerktorens niet meer nodig waren.

De sterren aan de hemel waren de ijkpunten, niet langer de spitsen van de kerken.

De middeleeuwse mens was een deel van zijn omgeving. Door alle nieuwe ontdekkingen en door de verre reizen werd de mens meer en meer een individu tegenover de wereld.

Handelaren waren al rijker en machtiger geworden aan het einde van de middeleeuwen. Met de sterk toegenomen handel en de exotische goederen uit nieuw ontdekte landen werden ze nog veel sneller veel rijker.

Omdat de adel en de geestelijkheid bleef streven naar de rijkste en machtigste posities in de samenleving werd het voor hen noodzakelijk om leningen af te sluiten. De bankiers en de handelaars werden hierdoor nog rijker en de adel en de kerk stortte zich in diepe financiële problemen.

Tegenover alle rijkdom die de handelaren binnenbrachten in Europa vanuit de nieuwe wereld moesten de edellieden en de geestelijken nog meer pracht en praal stellen, dat waren ze aan hun status verplicht.

Paus Leo X had bijvoorbeeld een vaste hofhouding van 683 mensen, waaronder olifantentemmers en narren. Hij hield regelmatig jachtpartijen waarbij duizenden betrokken waren.

Leo X had om dit rijkelijke hofleven te kunnen bekostigen heel wat leningen afgesloten. Om deze leningen te kunnen terugbetalen werden steeds nieuwe inkomsten gezocht.

Paus Leo X was geen uitzondering met zijn grote hofhouding, al spande hij wel de kroon.

Het paste in het middeleeuws denken dat de adel en de kerk de grootste rijkdom tentoonspreiden. Vanuit dit denken was het niet meer dan normaal dat adel en geestelijkheid moesten reageren wanneer een handelaar plots meer rijkdom kon tonen. Monniken zoals Luther waren van deze destructieve reflex gevrijwaard omdat zij geen rijkdom nastreefden, zeker niet in publiek vertoon.

Door het zoeken naar nieuwe inkomsten en het aangaan van grote leningen om een rijkelijke levensstijl te kunnen bekostigen haalden de adel en de kerk hun eigen macht onderuit, ook al had het rijkelijke vertoon de tegenovergestelde bedoeling.

De bankiers en de handelaren werden steeds machtiger en ook binnen de adel traden er verschuivingen op. In her feodale systeem waren de machtsverhoudingen vaststaand. Men ging er van uit dat deze verhoudingen door God bepaald waren.

Door de grote geldleningen moesten er steeds nieuwe bronnen voor inkomsten gezocht worden. De eenvoudigste bron was de bevolking. De handel in aflaten was een lucratieve handel waarbij de bevolking niet het gevoel gegeven werd dat de belastingen verhoogd werden, men kreeg er immers iets heel waardevols voor terug.

Luther zag in dat deze handel eigenlijk bedoeld was om zichzelf te verrijken, niet om goed te doen aan de bevolking en daartegen reageerde hij. Het principe van aflaten was echter geen probleem voor hem toen hij zijn stellingen schreef, dat paste in het middeleeuwse denken.

De kerk in de middeleeuwen

Doorheen de middeleeuwen had de kerk de rol op zich genomen die ooit ingevuld werd door het Romeinse Rijk.

Veel kerken en kloosters hadden inkomsten uit tolgelden die ooit ingesteld waren in het Romeinse Rijk. Veel structuren waren een erfenis van een vroegere tijd.

Doorheen de middeleeuwen was land de grootste rijkdom en het feodale systeem had een versnipperd Europa met veel vorsten en edellieden gecreëerd. De kerk was de grote verbindende factor in dit systeem.

De kerk was niet alleen belangrijk voor het geloofsleven van de mensen, de kerk was nauw betrokken in alle aspecten van het dagelijkse leven.

De kerk bezat landerijen en Rome was de hoofdstad van een gebied waarin de paus wereldlijke macht had.

De paus was een wereldlijke leider en hij werd vaak verkozen omwille van zijn politieke connecties en niet omwille van zijn theologische ideeën.

Paus Leo X werd paus nadat zijn familie, de familie de Medici, opnieuw machtig geworden was. Pas nadat hij tot paus verkozen werd werd hij tot priester en tot bisschop gewijd, dat was niet uitzonderlijk.[5]

Tegenover de structuur van de kerk met paus, bischoppen en wereldlijke macht waren er in de middeleeuwen ook de kloosters. De monniken leefden afgezonderd van de wereld, gericht op het geloof. Afgezonderd van de wereld betekende niet geïsoleerd van de wereld.

Binnen de kerk was er ruimte voor afwijkende ideeën, zolang deze de machtsstructuren niet in vraag stelden werden ze getolereerd. Pas nadat de wereld veranderde veranderde ook de kerk en haar houding tegenover andere ideeën binnen in haar structuur.

---

[5] *Geschiedenis der pausen*, Hans Kühner, Het Spectrum, Antwerpen, 1962, p. 130

De veranderende sociale situatie door de groei van de steden was de oorzaak van de vragen die Jan Hus stelde.

De aflatenhandel die eigenlijk een structuur was waardoor de bevolking als een inkomstenbron gezien kon worden was ook een verandering in een sociale situatie. De arme bevolking werd belast om de rijkdom van enkelen te kunnen bekostigen. Hiertegen reageerde Luther.

Deze veranderingen in sociale situatie stonden niet op zichzelf, ze waren het gevolg van verschillende oorzaken. Het feodale systeem was doorheen de middeleeuwen het belangrijkste systeem geweest om macht en invloed te bestendigen, maar door een ver doorgevoerde vorm ervan was er uiteindelijk niet genoeg land over om verder te verdelen. Degenen die geen land hadden en degenen die zich konden onttrekken aan het systeem van lijfeigenschap of horigheid konden terecht in de steden. De steden groeiden en werden machtiger dan de landen waarin ze lagen.

De steden werden vrije handelsplaatsen voor vrije mensen. Dit veroorzaakte grote sociale veranderingen.

De middeleeuwen waren geen statische periode, dat is een beeld van latere tijd, de middeleeuwen waren een periode waarin de mensen in Europa evolueerden van een agrarische samenleving naar een stedelijke samenleving waarin handel belangrijker werd dan landbouw.

Deze evolutie kwam in de vijftiende en de zestiende eeuw in een versnelling terecht.

Doorheen de middeleeuwen was er kennis van de oudheid. De keizer en de paus haalden hun macht vanuit oude Romeinse functies. De middeleeuwse wereld zag zichzelf als een voortzetting van het Romeinse Rijk.

Ontdekkingen van nieuwe continenten en van efficiëntere manieren om daarheen te reizen en rijkdommen mee te brengen brachten alle ontwikkelingen die er al waren in een stroomversnelling.

De kerk in de renaissance

De veranderingen in de wereld hadden ook een belangrijk effect op de kerk.

Omdat ze niet langer centraal stond in het leven van de mensen en omdat de mens zelf in een veranderende wereld meer de eigen individualiteit begon te ontdekken veranderde de kerk zelf van binnen uit.

Paus Leo X was een renaissancepaus. Hij groeide op in Firenze als Giovanni de Medici, daar was hij de leerling van de humanisten Angelo Poliziano en Massilio Ficino.[6]

Doordat de familie de Medici uit Italië verdreven werd bracht hij zijn jeugd door in het buitenland. hij was in Duitsland, de Nederlanden, Frankrijk. In 1500

[6] *Geschiedenis der pausen*, Hans Kühner, Het Spectrum, Antwerpen, 1962, p. 130 e.v.

kwam de familie de Medici weer in aanzien en Giovanni keerde terug naar Rome.

In 1512 wordt hij gevangen genomen door de Fransen na de slag bij Ravenna.

De macht van de Medici werd weer hersteld in september 1512 en in maart 1513 wordt Giovanni paus Leo X.

Als paus wordt hij een grote verzoener en sterk betrokken bij alle politieke intriges in Europa.

Hij zorgt voor een verzoening tussen Engeland en Frankrijk in 1514. Hij zorgt ervoor dat Frankrijk toetreedt tot het concilie dat begint in 1516. Voordien was de kerk in Frankrijk nog steeds op een eigen weg sinds de middeleeuwse situatie met de paus in Avignon en de paus in Rome.

Het concilie wordt geopend door Pico della Mirandola die in een redevoering pleit voor meer openheid in de kerk.

Toch blijft Leo X uiteindelijk de starre theorieën volgen van Bonifatius VIII. Het concilie wordt afgesloten in maart 1517.

In april 1517 wordt een moordpoging op de paus door een jonge kardinaal verijdeld.

In juli 1517 benoemt Leo X eenendertig kardinalen. Dat was zeer uitzonderlijk, want voorheen waren er steeds slechts vierentwintig kardinalen. Leo X wordt ervan verdacht om de ambten uit financiële motieven uit te breiden.

Veel ambten kunnen voortaan gekocht worden en ook de handel in aflaten neemt toe. De paus Leo X heeft immers steeds geldgebrek. Hij wil leven als een staatshoofd, als het machtigste en rijkste staatshoofd. Hij vindt dat hij dat verschuldigd is aan zijn statuut.
Zijn grote hofhouding kost enorm veel geld om te onderhouden. Hij geeft ook veel geld uit aan de kunsten. De paus gebruikte zijn wereldlijke macht om opdrachten te geven voor opgravingen en onderzoeken. Ook dit kostte heel veel geld.

Het rijkelijke leven aan het hof van de paus kan als decadent en verdorven gezien worden, het werd vaak zo afgeschilderd door latere hervormers. Het paste echter helemaal in de tijdgeest. Elke koning toonde zijn macht en zijn status door een grote hofhouding. De paus kon daarbij niet achterblijven, zeker geen paus uit de familie de Medici.

Deze grote hofhouding en de opgravingen en de kunstwerken kostten echter zoveel dat de paus steeds een groot geldgebrek had.

Net als veel andere vorsten in die tijd moest hij grote leningen afsluiten om zijn levensstijl te kunnen handhaven. Bezuinigingen en soberheid waren geen optie, dat zou een teken van zwakte geweest zijn tegenover de andere Europese vorsten.

Omdat de leningen niet afgelost kunnen worden met nieuwe leningen en omdat bezuinigen in de uitgaven geen optie was voor een vorst of een paus moesten er nieuwe inkomsten gezocht worden.

Een van de inkomstenbronnen was de aflatenhandel. Die gebeurde al langer, maar de handel werd uitgebreid om zoveel mogelijk inkomsten eruit te kunnen halen.

Daarnaast werden ook ambten verkocht.

De aartsbisschop Albrecht van Mainz (van Brandenburg) was aartsbisschop van Brandenburg en tegelijk ook aartsbisschop van Maagdenburg en ook administrator van Halberstadt. Het was tegen alle regels en gebruiken om al deze functies tegelijk uit te oefenen, maar de paus gaf tegen betaling zijn toestemming hiervoor.

De paus had zo een extra inkomensbron.

Aartsbisschop Albrecht had zelf ook grote financiële problemen door alle leningen die hij afgesloten had. Door de extra ambten kon hij extra inkomsten verwerven. Hij schreef in zijn gebieden aflaten uit. De dominicaner monnik Tetzel was belast met de verkoop van deze aflaten[7].

Wittenberg ligt in het aartsbisdom Maagdenburg en daar was de wereldlijke heer Frederik III van Saksen, ook Frederik de Wijze genaamd (1463 - 1525). Frederik de Wijze verbood Tetzel om op zijn grondgebied aflaten te verkopen. Tetzel was echter zo'n populaire prediker dat mensen naar hem toe reisden om hem te horen spreken en om aflaten bij hem te kopen.

Op deze aflatenhandel reageerde Luther. En deze aartsbisschop, die zelf de opdracht gegeven had voor de handel, schreef Luther aan over de praktijken van Tetzel.

Aartsbisschop Albrecht was bevriend met Erasmus. Hij was net als de paus ook geïnteresseerd in kunst en in de nieuwe ideeën van het humanisme. Hij was echter ook een man met een grote schuldenlast door het rijkelijke leven dat hij wou leiden.

In de renaissance zien we een opkomst van kunst en humanisme. Aan het hof van edellieden en kerkleiders is plaats voor kunst en cultuur. De nieuwe rijkelijke levensstijl, die niet alleen decadent was, maar ook ruimte bood voor alle ontwikkelingen die de renaissance bijzonder maakten, kostte heel veel geld. De Europese hoven kwamen in diepe schulden en er moesten steeds nieuwe inkomsten gezocht worden.

Was het onder invloed van de paus uit Firenze, een telg van de familie de Medici, Leo X dat de kunsten gepromoot werden in Rome en dat er interesse kwam voor de resten van de klassieke oudheid? Dan kunnen we hem daar dankbaar voor zijn.

De kerk veranderde door nieuwe humanistische ideeën, maar al deze veranderingen hadden plaats aan de hoven van de kerkleiders. Door de grote hofhou-

[7] *The Reformation*, Owen Chadwick, Penguin Books, London, 1990, p. 42

dingen en door het mecenaat van de kerkleiders was veel mogelijk, maar ook door deze hofhoudingen en de schulden en de leningen die nodig waren om ze in stand te houden werd er steeds geld gezocht bij de bevolking. Dat veranderde de sociale structuur van de maatschappij.

Het was te verwachten dat iemand vragen zou stellen bij de handel in aflaten omdat daarmee de hofhouding van de machtigen bekostigd werd.

De vragen die Luther stelde in zijn stellingen doen vermoeden dat hij een heimwee had naar een tijd waarin alles eerlijker en oprechter was. Een middeleeuwse monnik stelde vragen bij de uitwassen van de verandering van de nieuwe tijd.

De wereldpolitiek en haar verschuivingen in de vroege zestiende eeuw

Door de grote ontdekkingen was Spanje een machtig land geworden. Goud en exotische materialen stroomden binnen vanuit de koloniën. Door de huwelijkspolitiek van de Habsburgers hadden ze grote delen van Europa in hun bezit en daarnaast immense rijkdommen over de hele wereld.

In de rest van Europa waren de goederen vanuit de Spaanse koloniën erg begeerd, de handel deed heel goede zaken en de economie groeide hard. De handelaren in de steden werden rijk, sommigen rijker dan de vorsten.

Edellieden en kerkleiders wilden hun status niet zien achteruitgaan, maar zagen zich ingehaald door kooplui. Leningen moesten er tijdelijk voor zorgen dat er toch genoeg geld was om de adel en de kerk rijkelijker te laten schijnen dan ze waren. Er was een wedijver in status en macht.

De eigenlijke macht verschoof van adel en kerk naar economie.

Door deze verschuivingen en doordat Spanje de invoerder was van alle exotische materialen werd de macht van Spanje steeds groter. Het Spaanse hof hoefde geen leningen af te sluiten om hun rijkelijke levensstandaard te behouden.

Paus Leo X probeerde door zijn politieke invloed Spanje dwars te liggen. Hij zorgde ervoor dat Frankrijk en Engeland samenwerkten tegen de grote macht van Spanje.

Toen er een nieuwe keizer gekozen moest worden probeerde Leo X er alles aan te doen om te verhinderen dat Karel V keizer zou worden. Dit lukte echter niet.

De keizer werd verkozen door enkele edellieden met stemrecht, de electors. Aartsbisschop Albrecht van Brandenburg was de broer van de elector van Brandenburg.

Frederik de Wijze was ook een elector.

Het huis Brandenburg en het huis Saksen waren reeds lang rivalen.

Wanneer Tetzel in opdracht van Albrecht aflaten gaat verkopen in de gebieden van Frederik de Wijze, dan ziet Frederik dat als de zoveelste uitdaging.

Frederik zelf heeft ook een aflatenhandel. Hij heeft vaste inkomsten van de aflaten die hij op zijn grondgebied mag verkopen. Hij heeft een grote voorraad relikwieën die als onderpand dienen van de aflaten. Van deze relikwieën zijn uitgebreide lijsten opgesteld, in totaal had Frederik de Wijze in Wittenberg 17443 fragmenten van botten van heiligen, splinters van het kruis en zelfs een stuk van de baard van Jezus[8]. Frederik was in zijn denken en handelen een middeleeuws katholiek man.

We kunnen veronderstellen dat zijn weigering om Tetzel te laten prediken in zijn land ingegeven was door angst op eigen inkomstenverlies en door zijn rivaliteit met de familie van de aartsbisschop die Tetzel de opdracht had gegeven.

In de middeleeuwse feodale structuur waren de verhoudingen tussen de rangen vastgelegd. Nu kwam er een nieuwe sociale dynamiek. De handelaren werden rijker en machtiger en sommige edellieden gingen failliet aan hun torenhoge schulden. Tussen adellijke families groeide de rivaliteit omdat de verhoudingen niet meer vaststonden. Macht en invloed kon toenemen of afnemen. Grenzen waren niet langer vaststaand en duidelijk.

De kerk kon niet meer optreden als de grote stabiele factor die ze eeuwenlang geweest was.

De kerk was immers zelf meegegaan in het aangaan van schulden bij bankiers om zich machtiger te kunnen tonen dan de nieuwe klasse van kooplui.

De reactie van Luther op de veranderingen in de kerk

Luthers eerste werk was duidelijk dat van een man die verlangde naar een herstel van de kerk naar een ideaalbeeld waarvan hij geloofde dat het bestaan had.

Hij was ervan overtuigd dat de paus niet wist van alle wantoestanden die hij zag.

We kunnen ons afvragen hoe het kwam dat Luther op de hoogte was van de wantoestanden die hij aankaartte. Hij kreeg een schrijven onder ogen waarin duidelijk gemaakt werd dat de aartsbisschop de opdracht had gegeven voor de grote aflatenverkoop om zijn financiële problemen op te lossen.

Heeft Frederik de Wijze hier de hand in gehad?

Zou Luther zonder deze kennis, die eigenlijk geheim gehouden werd[9] wel gewerkt hebben aan zijn stellingen, zou hij de kerkstructuren wel in vraag gesteld hebben?

Omdat Luther tegen de aflatenverkoop van Tetzel, die een dominicaner monnik is, reageert lijkt de discussie in eerste instantie die tussen twee kloosterordes te zijn. De aartsbisschop brengt het onder de aandacht van de paus, hij voelt zich immers bedreigd door zijn rivaal Frederik de Wijze en door die mon-

[8] *The Protestant Reformation*, Hans Hillerbrand, Harper, Londen, 2009, p. 22

[9] *The Reformation*, Owen Chadwick, Penguin Books, London, 1990, p. 42

nik uit Wittenberg. Hij voelt zich bedreigd in zijn inkomsten die noodzakelijk zijn om zijn schulden af te lossen.

Omdat alle afspraken tussen Albrecht en Tetzel en tussen de paus en Albrecht geheim zijn kan de paus niet fel reageren op Luther. De ideeën die Luther naar voren brengt zijn ook niet strijdig met het denken dat gangbaar was in de kerk in de middeleeuwen.

Doordat de wereld veranderd was stond de kerk niet langer tussen de mensen en God in. De middeleeuwse mens richtte zich op de kerk om zich op God te kunnen richten. In een veranderde wereld was de kerk opgeschoven vanuit die positie.

Net zoals men niet meer van kerktoren naar kerktoren moest reizen, maar over de zeeën zelf z'n weg kon vinden naar een nieuwe wereld, zo konden mensen zelf zich naar God richten zonder zich eerst op de kerk te moeten richten.

Maar gebeurde dit ook?

Luther besefte in elk geval dat zich richten op de kerk in de veranderde wereld niet langer betekende dat hij zich richte tot God.

Vanuit dit besef groeide uiteindelijk het idee van het universeel priesterschap der gelovigen.

Het universeel priesterschap van de gelovigen was een manier die aangegrepen kon worden door wereldlijke leiders om bij hun onderdanen de invloed van de paus te beperken.

Frederik de Wijze was een gelovig katholiek mens, maar de invloed van de paus zat zijn wereldlijke ambities dwars.

De gevolgen

Doordat Luther aantoonde dat de kerk niet langer nodig was om zich tot God te wenden, haalde hij de laatste machtspositie van de kerk onderuit.
De wereldlijke leiders hadden al veranderingen gezien in de kerk en de wereld. Maar de invloed van de kerk op het leven van de gelovigen bleef groot en dat verhinderde te grote machtsverschuivingen binnen Europa.

Het is niet zo verwonderlijk dat sommigen ervoor kozen om Luther te steunen. Zijn ideeën maakten het mogelijk dat wereldlijke leiders het gezag en het oordeel van de kerk over hun handelen aanvochten.

Er waren ook velen die Luther al snel veroordeelden. Veel leiders vervolgden de ideeën van Luther nog voor Luther in Worms voor de nieuwe keizer zijn opwachting moest maken.

Karel V werd verkozen tot nieuwe keizer van het Heilig Roomse Rijk der Duitse Natiën. De paus had geprobeerd om al zijn invloed aan te wenden om dit te vermijden, toch kwam de koning van Spanje op de keizerstroon. Frederik de Wijze steunde Karel en hij ijverde er ook bij Karel voor dat Luther gehoord zou worden.

Later kwam Karel, die op erg jonge leeftijd al keizer geworden was, toch onder invloed van de paus. Karel werd een van de grootste tegenstanders van de reformatie. Zijn verkiezing tot keizer was echter mogelijk gemaakt door de mensen die de reformatie in Duitsland mogelijk gemaakt hebben.

In het politieke spel van de zestiende eeuw waren intriges en veranderende allianties heel gewoon.

Toen Luther uiteindelijk in Worms veroordeeld werd was het onder bevel van Frederik dat Luther ontvoerd werd zodra hij op het grondgebied van Saksen kwam.

Frederik was de grote steun van Luther. Maar zelf heeft hij Luther nooit ontmoet. Hij was voorzichtig, een ontmoeting zou de indruk kunnen wekken dat hij behekst was door Luther. Omdat hij niet in contact met hem kwam kon hij zich neutraal opstellen.

Conclusie

Doorheen de geschiedenis zijn er steeds grote veranderingen geweest. De mens is overgegaan van een nomadisch op een sedentair bestaan. De sedentaire mens bouwde stadstaten en later wereldrijken. De wereldrijken vielen uiteen. De economische veranderingen die met deze overgangen gepaard gingen, vielen steeds samen met culturele veranderingen.

De grote veranderingen in het begin van de zestiende eeuw werden ingeleid door de ontdekking van Amerika en andere ontdekkingsreizen. Een beter besef van wiskunde en het belang van onderzoek en uitvindingen maakte deze ontdekkingsreizen mogelijk.

Door het ontdekken van nieuwe werelden en de rijkdommen die daarvan naar Europa gebracht werden veranderde de economie binnen Europa drastisch.

Door de veranderde economie veranderden de machtsverhoudingen ook.

Omdat ontdekkingen welvaart brachten werden ze aangemoedigd en er ontstond een sfeer van onderzoek en kennisverwerving.

De kerk veranderde in navolging hiervan mee.

Omdat de kerk veranderde kon zij niet langer de centrale plaats innemen tussen de mensen en God.

De ideeën van Luther over het universeel priesterschap der gelovigen komen hierop als antwoord.

Omdat Luther zijn ideeën goed kon verwoorden en ook aan de massa kon overbrengen werd hij al snel in bescherming genomen.

Edelen in Duitsland konden hem gebruiken om het gezag van de keizer en het oordeel van de kerk in twijfel te trekken.

De eerste stappen die Luther zette in de publieke discussie van zijn tijd werden mogelijk gemaakt in een vreemde situatie. Een landheer die zelf aflaten verkocht zag baat bij een monnik die fel kan uithalen naar een concurrerende

aflatenhandel. Als daarbij ook een rivaliserende adellijke familie tegengewerkt kon worden was een mooie toegift.
Het lijkt een complex intrigespel van belangen, schulden, en rivaliteit waarin Luther gebruikt werd om andere doelen te bereiken.

De tegenspelers van Luther in dit spel handelden niet zuiver met hun financiële situatie en met de inkomsten die ze zochten bij de gewone bevolking, maar zij waren wel geïnspireerd door het humanisme en de veranderingen in kunst en cultuur van de renaissance.

De man die Luther mogelijkheden gaf en hem beschermde en die de andere grote speler was in deze intrige was een middeleeuws denkend gelovig man.

Luther zelf was ook een middeleeuws denkende monnik, hij handelde vanuit een diepe loyaliteit naar zijn geloof[10]

Toch was het deze middeleeuwer die de veranderingen in de kerk teweeg bracht en niet de renaissancemensen die niet alleen humanistische ideeën kenden, maar die ook omwille van het najagen van hun status diep in de schulden zaten.

Zonder de torenhoge schulden veroorzaakt door de exuberante levensstijl zouden de misstanden zoals de aflaten en de verkoopbare ambten niet nodig geweest zijn.

Zonder de liefde voor het geld[11] zou de geschiedenis misschien heel anders gelopen zijn.

Luther was de juiste man op de juiste plaats in de juiste tijd. Hij bracht de antwoorden en de vragen die nodig waren. Misschien was hij gebruikt in een spel van intriges, maar de intriges zijn vergeten en zijn woorden over het universeel priesterschap en de vrijheid van de gelovigen niet.

Bibliografie

- Hans Kühner, *Geschiedenis der pausen*, Het Spectrum, Antwerpen, 1962
- Ludo Milis, *Hemelse monniken aardse mensen*, Hadewijch, Antwerpen, 1995
- Josef Macek, *Le Mouvement Hussite en Bohême*, Orbis, Praag, 1965
- Diarmaid MacCulloch, *Reformation Europe's House Divided 1490-1700,* Penguin Books, Londen, 2003
- Hans Hillerbrand, *The Protestant Reformation*, Harper, Londen, 2009
- Owen Chadwick, *The Reformation*, Penguin Books, London, 1990

[10] *Reformation Europe's House Divided 1490-1700,* Diarmaid MacCulloch, Penguin Books, Londen, 2003, p. 127

[11] „Want geldzucht is een wortel van alle kwaad. Door daarnaar te verlangen, zijn sommigen afgedwaald van het geloof en hebben zich met vele smarten doorstoken." Herziene Statenvertaling, 1 TIM 6: 10

Johan Temmerman

Luther, eindtijdelijk theoloog tussen Oudheid en Moderniteit. Over de cultuurhistorische betekenis van de Reformatie

Hoe moeten we Luther gedenken? Was hij een Duitse middeleeuwse monnik of een modernistische reformator? Profeet? Trend-designer? Hij was hoe dan ook een mens, echtgenoot, vader, muzikant en doctor in de H. Schrift. In het perspectief van de godsdienstfilosofie verbindt Luther de grote kerkvader Augustinus met de al even grote verlichter Immanuel Kant. Alle drie dachten over vrijheid, God en geschiedenis. Hun denkbeelden kneedden de tijd waarin ze leefden en daarna. Maar ook de vader van de moderniteit, G.W.F. Hegel die in zijn *Fenomenologie van de geest* (1807) de waarheid beschrijft als een voorstelling die in het religieus bewustzijn verschijnt, heeft diepe wortels in het dialectische denken van Maarten Luther. We hebben bijgevolg enkele cultuurfilosofische handgrepen om de betekenis van de Reformatie in de ontwikkeling van de Westerse cultuur te schetsen.

Het einde der tijden

Tijdens de tweede helft van de 20e eeuw schetste Lutherkenner en biograaf H.A. Oberman de reformator als 'een mens tussen God en duivel'.[1] De jonge Luther werd door angst aangedreven. Na een hevig onweer meende de jongeman dat zijn einde was gekomen. Hij beloofde de heilige Anna om in het klooster binnen te treden als hij heelhuids aan de storm ontsnapte. Veertien dagen laten klopt hij aan bij de broeders Augustijnen. We zijn dan in 1505 en Luther is 22 jaar oud. Het slotklooster stond naast de gebouwen van de universiteit te Erfurt. Luther treedt binnen en zal er vijftien jaar blijven. Hij is erg vroom en volgt nauwgezet de kloosterdiscipline. Zijn angst verschuift van lijfsbehoud naar zielenheil. In het klooster loopt hij geen gevaar om het leven te verliezen, maar vreest hij gaandeweg meer omwille van zijn beperkingen de toe-gang tot het hiernamaals te worden ontzegd. Hoe rigoureuzer hij de orderegels naleeft, des te meer hij voelt te vervallen aan de goddelijke wet.

Een belangrijke figuur in de ontwikkeling van de jonge Luther is de overste van de Augustijnenorde in Duitsland Johannes von Staupitz. Tijdens een bezoek aan het klooster te Erfurt laat hij zijn oog vallen om de ijverige monnik. Staupitz meldt aan de abt van het slotklooster dat de jonge broeder Maarten meer in zijn

[1] Heiko A. Oberman (1981), *Luther. Mens tussen God en duivel,* Kampen: Kok.

mars heeft dan 'vegen en poetsen'. Het zou goed zijn, aldus Staupitz, die aan de universiteit van Erfurt de H. Schrift doceert, om broeder Maarten te stimuleren tot studie. Luther stort zich op boeken en handschriften. Hij verslindt Augustinus en raakt in de ban van zijn theologie. Over scholastieke auteurs is hij minder te spreken. Maar boven alles leest hij de Bijbel. Ten behoeve van zijn priesterwijding in 1507 verdiept Luther zich in de Latijnse commentaar op de liturgie van Gabriel Biel. Zoals alles doet hij dit erg nauwgezet en gedreven. Hij kan er ganse stukken van uit het hoofd citeren. De eerste opvoering van de H. Mis maakt hem onzeker. Ben ik, zondig mens, wel gemachtigd om dit allerheiligst sacrament te bedienen?

Drie jaar later wordt hij naar Rome gestuurd om er, samen met een medebroeder, aan de generaal van de Augustijnen om advies te vragen. De orde was in Duitsland verdeeld over de vraag of men de muren van het klooster hoger moest optrekken, ten einde de boze wereld buiten te houden en ten minste in de beslotenheid van de monnikengemeenschap de voorgave van Gods Koninkrijk in een steeds dieper wegzakkende wereld te bewaren. Anderen wilden de kloosterdeuren en –vensters juist openzetten en wezen naar het isolement binnen de muren om de corruptie en zedeloosheid in de christelijke gemeenschappen te duiden. Staupitz was een pleitbezorger van meer openheid naar de wereld en meende dat een hervorming van de orde ook de wereld ten goede zou komen. Enkele kloosters volgden de vicaris niet, onder meer de broeders te Erfurt. Het was bijgevolg diplomatisch erg verstandig om een beloftevolle jonge broeder uit een contesterend klooster naar Rome te zenden. De generaal van de orde in de H. Stad ordineerde dat de contestanten zich moesten voegen naar het beleid van de vicaris in Duitsland. Hoewel de jonge Luther daarmee geenszins akkoord was en na zijn terugkeer de oppositie in Erfurt tegen de hervormingsplannen van Staupitz oplaaide, distantieerde hij zich van het verzet. Zijn antwoord was verdere studie. Twee jaar later in 1512 promoveert Luther tot doctor in de theologie en biedt Staupitz hem de leerstoel in de H. Schrift aan. Hij verhuist naar Wittenberg en zal er zijn ganse leven blijven.[2]

In zijn eerste colleges behandelt Luther de Psalmen. Hierin ontwikkelt hij de gedachte dat de mens in het lichaam gevangen zit, zoals een larve is inge-

---

[2] Wittenberg was tot dan een tamelijk onbeduidend stadje in het zogenaamde 'Ernestinische' Saksen, het gedeelte waarin Frederik de Wijze als keurvorst regeerde. Dit kleinere deel van Saksen stond in de schaduw van het grotere hertogelijke of 'Albertinische' gedeelte, waar Hertog Georg de plak zwaaide. Deze scheiding van Saksen was in 1485 doorgevoerd. Het kleinere gedeelte kreeg als compensatie de titel van keurvorstendom, waardoor de keurvorst – in Luthers tijd Frederik – een belangrijke rol kon spelen in de politiek van het Heilige Roomse Rijk. Frederik de Wijze koesterde Wittenberg als een sieraad. Hij stichtte er een universiteit in 1502, de eerste universitaire instelling die zonder toestemming van de kerkelijke autoriteiten in het leven was geroepen. De jonge instelling stond van meet af aan in concurrentie met de oudere universiteit van het Albertinische Saksen in Leipzig. Wittenberg stond voor een modern humanistisch curriculum, terwijl Leipzig zich eerder op het eerbiedwaardige maar conservatieve scholastische traditie liet voorstaan. Dairmaid MacCulloch (2003), *Reformatie. Het Europese huis gedeeld 1490-1700*, Utrecht/Antwerpen: Spectrum/ Standaard Uitgeverij, 132.

sponnen in een cocon. Onze beperkingen spelen ons parten en dit is zo omdat we op aarde niet zonder lichaam kunnen leven. Als hij in de daarop volgende jaren de *Brief van Paulus aan de Romeinen* behandelt, ontdekt hij de waarde van het geloof. In de beeldtaal van de Psalmen is het geloof als de vleugels van de vlinder die ons bij de lichamelijke dood in staat zullen stellen hemelwaarts te vliegen. Met dit mensbeeld op de achtergrond schrijft hij zijn 95 stellingen. Daarin verdedigt hij de kerkelijke aflaten, maar veroordeelt de handel. God heeft inderdaad aan de kerk een schatkist gegeven, gevuld met genademiddelen om uit te delen aan de boetvaardige gelovigen, aldus Luther. Alleen worden deze gunstbewijzen aangewend om er munt uit te slaan. De kerk te Rome verrijkt zich ermee en draait de gelovigen een rad voor de ogen. Luther fulmineert tegen deze kerkelijke handel met het argument dat God alleen gediend is met boete of berouw. Hij vertaalt het woordje *metanoia* (omkering of bekering) met 'boete doen' en stelt onomwonden dat de genade geen gevolg is van de bekering, maar omgekeerd. Omdat Gods genade is gegeven – door mens te worden – komt het er nu op aan om boete te doen. Bekering als uitdrukking van dankbaarheid. Het ganse leven van een christen moet doordrongen zijn van boetvaardigheid.[3]

Buiten zijn wil worden de 95 stellingen in enkele weken tijd vertaald in het Duits en verspreid in het ganse land en daarbuiten. Luther meende dat de kerk zijn inzichten met een luid en herhaaldelijk 'halleluja' zou onthalen. Maar niets is minder waar. Aartsbisschop Albrecht van Mainz, helemaal ingesponnen in de roomse corruptie van cumulatieve kerkelijke ambten en winstgevende sacramentele handelspraktijken, klaagt Luther aan te Rome. De curie interpreteert zijn pleidooi om de handel in aflaten aan te pakken als een aanval op het gezag van paus en concilies. Luther moet zich verdedigen en als hij weigert te herroepen, wordt hij eerst door Staupitz van zijn kloostergelofte ontheven, nadien door een pauselijke bul in de ban van de kerk gedaan en tenslotte door de Keizer van het H. Roomse Rijk vogelvrij verklaard. Tijdens deze tumultueuze jaren dienen zich twee belangwekkende tendensen aan. Ten eerste groeit zijn populariteit onder het gewone volk. Luther wordt te Worms onthaald als een tweede Messias, een gestalte die hij met plezier speelt. Tegelijk verwerkt hij zijn drievoudige excommunicatie door ze als tekenen te zien van de waarheid die hij herontdekt heeft. De fanatieke tegenkanting is een teken dat de duivel in het verweer komt, telkens Gods Woord wordt gesproken. Dit betekent tegelijk dat Luthers herontdekking van de 'ware' betekenis van het evangelie, niet alleen rechtstreeks door God is gegeven, maar dat met deze gift ook een beslissende wending in de geschiedenis is ingetreden. God heeft namelijk besloten om het einde der tijden snel te laten plaatsgrijpen, maar hij gaf eerst nog eens klaar en duidelijk aan wat de mensheid te doen stond om zich vooralsnog te redden. Deze redding was

[3] De eerste stelling luidt: *Doordat onze Heer en Meester Jezus Christus zei: 'Doet boete' enz. (Mat. 4:17), wilde Hij dat het hele leven van zijn gelovigen een voortdurende boete zou zijn.* Zie: *www.refo500.nl/pages/53/maarten-**luthers-95-stellingen**.html*

nabij en voor iedereen mogelijk. Het enige wat noodzakelijk is, is geloven. Geloven dat Jezus de menswording van God is. Dit geloof zal er binnenkort voor zorgen dat, als het einde is gekomen, de mens in de hemel wordt opgenomen.

We zien bijgevolg in Luthers denken de kenmerken van een apocalyptisch wereldbeeld. De wereld is verdorven en zelfs de kerk, de enige thuishaven van God en zijn genade, is door en door aangetast door goddeloosheid. De neerwaartse spiraal van wereldse hoogmoed en onrechtvaardigheid heeft ook de kerk meegesleurd, zodat de antichrist zich op de H. Stoel kon hijsen en met zijn klerikale handlangers, te vergelijken met het apocalyptische leger van reusachtige mieren, oorlog voert tegen de kleine rest getrouwe (reformatorische) christenen.

Apocalyptische grondslag van het geloof

Bovenstaande wereldbeeld doordesemt Luthers eruptieve geschriften uit 1520. In het najaar van deze vruchtbare periode schrijft Luther drie teksten die zijn visie op geloof, politiek en kerk kernachtig samenvatten. Hij richt zich tot de politieke elite in *An den christlichen Adel deutscher Nation*, adresseert de kerk in *Die babylonische Gefangenschaft der Kirche* en polemiseert met de culturele intelligentsia die doordrongen is van het humanistische ideaal van de Italiaanse Renaissance in *Von der Freiheit eines Christenmensch*. Aan de Duitse landsvorsten meldt hij dat ze op een cruciaal punt in de geschiedenis zijn aanbeland. Nu de duivel zich heeft meester gemaakt van de H. Stoel is het een christelijke opdracht om het volk te beschermen en in hun rijksgebied de invloed van de clerus terug te dringen. Gelovige kerkmensen waarschuwt hij voor de scholastieke sacramentenleer. Luther herleidt de heilsmiddelen tot doop, avondmaal en boete. Hij trekt daarin het spoor van Jan Hus door en verwerpt het gezag van de paus. Ook het concilie van Konstanz, dat Hus had vermoord, stoot op een hard oordeel. De acute oproep aan de vorsten om zich van Rome los te maken, geldt evenzeer voor de gelovigen. Op de achtergrond staat de op handen zijnde eindtijd. Diegene die denkt zich in deze *kairos*periode op eigen kracht en waardigheid te kunnen beroepen, zal bedrogen uitkomen. Dit is de rode draad in zijn denken over vrijheid. Mensen als Thomas More, die enkele jaren eerder *Utopia* publiceerde waarin hij pleit om een volkomen tolerantie en vrijheid inzake religie toe te staan, geflankeerd door Erasmus van Rotterdam die in zijn *Lof der Zotheid* zowel de Roomse clerus als de reformatorische pertinentie inzake Gods wil hekelt, worden van antwoord gediend. Volgens Luther is er hoegenaamd geen sprake van een volkomen vrije wil. De mens zonder geloof is een mens zonder eigenwaarde, omdat hij in zichzelf gekeerd verkruimelt, zoals een vlinder die in de cocon een larve blijft en zijn doel mist. Het doel is Gods Koninkrijk dat op handen is en waar de mens hoegenaamd niets kan aan doen. Te midden het tumult van de eindstrijd is het een zaak om het geloof te bewaren en dit tegen beter weten in.[4]

Dit geloof geeft Luther enerzijds vreugde en een enthousiast gevoel van verlossing, maar anderzijds blijft zijn angst en woede. In het klooster was het object van angst verschoven van lijfsbehoud naar zielenheil. De ontdekking van het geloof bevrijdde Luther uit deze mentale omknelling en bracht hem andermaal in confrontatie met de ten onder gaande wereld. Hij wou zo veel mogelijk schapen redden en begreep niet waarom men niet massaal zijn herontdekking aanvaardde. Vooral radicale reformatoren, die zich aan het hoofd van de sociale beweging van de Boerenopstanden plaatsten, en de Joden die zich niet wilden bekeren, moesten eraan geloven. Radicalen als Thomas Müntzer noemde hij steevast 'dwepers' (*Schwärmer*). In hun gewelddadige optreden zag hij toenemende verduistering en uitholling van de goede reformatorische zaak. Aan de vorsten gaf hij opdracht om de radicale boeren te vermorzelen en uit te roeien, want de duivel heeft zich, net als in de eerste eeuwen van het christendom, in de gezuiverde kerk genesteld, zodat het kwaad binnenin toeslaat. Het is de opdracht van de politieke leiders om in de 'stad van de mens' orde op zaken te stellen en deze ketters te verpletteren. In 1524 schrijft hij een *Brief an die Fürsten zu Sachsen von dem aufrührerischen Geist*, waarin hij fel van leer trekt tegen Thomas Müntzer, gevolgd door een regelrechte oproep tot genocide in *Auch wider die räuberischen und mörderischen Rotten der Bauern* (1525).[5] Deze vroege geschriften zijn nog feller van toon dan het latere smaadschrift tegen de Joden, *Von den Juden und ihren Lügen*, uit 1543.

Deze schandvlek op Luthers werken is volledig te wijten aan zijn verheven apocalyptische denkbeelden. Tegelijk kunnen we niet om de gedachte heen dat apocalyptiek een essentieel onderdeel is van de authentieke orthodoxe verkon-

---

[4] Het in 1520 geschreven werk *Von der Freiheit eines Christenmensch* werd voorafgegaan door een brief geadresseerd aan paus Leo X. In deze brief waarschuwt Luther de Heilige Vader in Rome dat hij omringd wordt door vleiers die enkel hun eigen belang dienen en niet dit van Christus en het Evangelie. 'Geloof niet hen die u verheffen', schrijft Luther, 'maar alleen hen die u verootmoedigen', want de tijd is gekomen dat 'God de geweldenaars van hun tronen heeft gestoten en de nederige verhoogd.' Met deze apocalyptische perceptie van de actualiteit onderstreept Luther in 1520 de urgentie van zijn boodschap. Maarten Luther (1959), *De Babylonische gevangenschap der kerk, Brief aan Leo x, De vrijheid van een christen (Vertaling C.N. Impeta, ingeleid door W.J. Kooiman)*, Kampen: Kok, 131.

[5] Zie voor een analyse: M. A. van den Berg (1990), *Niet het zwaard maar het woord. De geestelijke achtergrond van de betrokkenheid van Luther en Müntzer bij de Boerenoorlog van 1525*, Kampen: Kok. In de Angelsaksische wereld geldt Müntzer en de Boerenopstand als een reformatorisch fenomeen dat zich aan de uiterst linkse kant van Luther bevond. Zie naast MacCulloh ook: O. Chadwick (1964), *The Reformation*, Middlesex: Pinguin Books, 188-190. In Duitsland zette Oberman de toon. Hij schetst Luthers houding tegen de Boerenopstand als kenmerkend voor een 'vreemde middeleeuwer' omdat hij enerzijds een spoedig einde der tijden verwachtte, maar anderzijds zijn kerkelijke hervormingen niet wilde uitbreiden tot de organisatie van de samenleving. Luther was een apocalypticus, maar geen chiliast (mensen als Müntzer die een duizendjarig rijk op aarde wilden vestigen), een hervormer maar geen modernist. Oberman, *Luther*, 63-72.

diging van het christelijk geloof. Radicalen waren in de eerste eeuwen 'ketters', humanisten zijn te vergelijken met zelfdenkende filosofen en de Joden werden ook in het begin belaagd en uitgesloten. Luther doet ten andere een beroep op Bijbelse verzen en het werk van de orthodoxe kerkvaders om zijn intolerantie te rechtvaardigen. Wat is de basis van dit geloof?

De tijd. Of beter de eeuwigheid. De verhouding tussen beide was al in de eerste eeuwen het theologisch thema bij uitstek, samen met de oorsprong van het kwaad. Luther volgde de oplossing van zijn grote voorbeeld Augustinus. Deze zoekende mens had de ingenieuze oplossing gepresenteerd van twee werelden of 'steden'. De Stad van God was eeuwig, de stad van de mens vergankelijk. De beide 'steden' overlappen elkaar in de kerk, waarin een voorschot op het komende Godsrijk kan ervaren worden. Maar de wereldse stad gaat hoe dan ook ten onder, zoals in Augustinus' tijd de heilige stad Rome in handen van Alarik was gevallen, de leider van de Visigoten. Maar Augustinus gebruikte het beeld van de overlappende tijd en eeuwigheid om het kerkvolk te troosten en de desoriëntering die de val van Rome teweegbracht te kaderen en te neutraliseren.[6] Luther gebruikte de twee-steden-oplossing om kerk en politiek te scheiden. De landvorsten van de Duitse streken waren door God aangesteld om de wereldse stad te organiseren. De kerk moest zich daarmee niet bezighouden. Meer nog, het ging grondig mis als geestelijken zich met politiek inlieten. Noch de wereld, noch de kerk, hadden er baat bij. Met deze vertolking van Augustinus' leer van de twee steden hekelde Luther zowel de roomse clerus als de radicale reformatoren. Hij sloeg twee vliegen in één klap. Naast dit polemisch gebruik van de Augustijnse traditie verdiepte Luther ook meteen de verlossende ervaring van het geloof. Zijn leer over de genade, die om niets is gegeven in Christus, hield in dat de gelovige werd bevrijd van angst. Het is gegeven, maak je geen zorgen. De ruimte en energie die vrijkomt – de zorgeloosheid – moest men aanwenden om dankbaar goede werken te doen. Niet om de hemel te verdienen, want deze was de gelovige al in de schoot gevallen dankzij Christus, maar om de verlossing nu reeds te ervaren. Volkomen vrijheid is tegelijk gebondenheid aan God en de naaste. Zonder deze gebondenheid bleef de mens slaaf van zijn angsten en driften.

Ook Luther zag zich geconfronteerd met de opmerkingen dat dit allemaal goed en wel is – geloven in het verlossend lijden en sterven van Christus met het oog op het komende Koninkrijk Gods – maar ondertussen bleef de nijpende harde realiteit van onrecht en kwaad bestaan. Kindersterfte tierde welig, mensen werden om niets verbrand of vermoord en oorlogen stapelden zich op, zodat het Koninkrijk Gods eer-der leek weg te drijven dan dichterbij te komen. En dan haalde Luther zijn geliefde tegenstander van stal: de duivel. Anders dan Augustinus, die veel pastoraler schreef en dacht, was het Luther om de enige waar-

---

[6] Hij doet dit in zijn befaamde grote werk, Aurelius Augustinus (1984), *De stad van God (vertaald en ingeleid door Gerard Wijdeveld)*, Baarn/Amsterdam: Ambo, Atheneum – Polak & Van Gennep.

heid te doen. Met een evangelische boutade kan je stellen dat de waarheid bij Augustinus er voor de mens is en bij Luther de mens er voor de waarheid is. Genade en geloof bij Augustinus bouwen *vanitas* (ijdelheid of vergankelijkheid) om tot *veritas* (waarheid). Bij Luther grijpt *veritas* in en verplettert de door *vanitas* bezeten mens. Dit kleurt ook Luthers visie op geschiedenis in. Waar Augustinus nog gewag maakt van een steeds voortschrijdende komst van Gods rijk op aarde, spreekt Luther van een plotse ommekeer die op handen is. De tekenen van deze omkering zijn overal zichtbaar. Het enige dat voortschrijdt in Luthers denken is de machtsgreep van de duivel op de wereld. Dit is het teken bij uitstek dat de eindoplossing die God in petto heeft weldra zal komen. Het is treffend dat Luther, aangezet door zijn rigoureuze scheiding tussen geestelijke en wereldse macht, de strijd tegen het kwaad door de politieke leiders laat voeren. Zelf neemt hij het zwaard niet op want, zo zegt hij meermaals na het vernemen dat weer een radicale reformator is omgekomen op het slagveld (Zwingli, Müntzer), ‘wie het zwaard hanteert, zal er door vergaan’. Het zijn de vorsten die van God de opdracht kregen om het kwaad te bestrijden. Hij schreef aan Fredrik van Palts dat het vreemde tijden zijn, omdat een vorst in deze eindtijd eerder door bloedvergieten de hemel kan bereiken dan door gebed. Luther verwierp voortschrijdend inzicht. Hierin schuilt een diep onbehagen met de geschiedenis. De tijd is gekaapt door de duivel. Dankzij de voortschrijdende eeuwen heeft het kwaad haar vleugels kunnen uitslaan en nu ook de volledige kerk ingenomen. Als er al iets beweegt in de wereldse tijd vertoont het een regressieve tendens. Het diepste punt is bereikt, de tijd loopt ten einde, spoedig is het voorbij, alleen geloof kan je nog redden.

Menselijk, al te menselijk

Dit door en door middeleeuwse wereldbeeld ontlokte Friedrich Nietzsche in 1886 de oprisping dat ‘de Duitse Reformatie een heftig protest’ was ‘van achterlijke geesten’.[7] In *Menselijk, al te menselijk* looft Nietzsche de Italiaanse Renaissance omdat ze de positieve krachten van de moderne cultuur al in zich had. Hij heeft het over vrijheid van denken, minachting van autoriteit, ontwikkeling boven afkomst, enthousiasme voor wetenschap en waarheidsliefde boven schijn. De Renaissance had deze positieve krachten meer in zich dan de moderne cultuur in de 19^{e} eeuw. De oorzaak was volgens Nietzsche de Reformatie, die de middeleeuwse wereldbeschouwing nog niet zat was en het godsdienstige leven vervlakte en veruiterlijkte. Nietzsche ziet een intense wrevel in de reformatorische bewegingen, die met geweld een staat van beleg afkondigden. De Refor-

[7] Nietzsche, Fr. (2014), *Menselijk, al te menselijk. Een boek voor vrije geesten* (vertaald door Thomas Graftdijk, herzien, geannoteerd en van een nawoord voorzien door Hans Driessen), Utrecht-Amsterdam-Antwerpen: Uitgeverij De Arbeiderspers, 156-157.

matie zou het ontwaken van de wetenschappen met twee tot drie eeuwen hebben vertraagd. De politieke constellatie spaarde Luther, omdat de keizer de hervorming als pressiemiddel tegen de paus gebruikte, die op zijn beurt de protestantse rijksvorsten als tegengewicht tegen de keizer uitspeelde. Nietzsche schrijft:

> *Zonder dit wonderlijk samenspel van bedoelingen zou Luther verbrand zijn, net als Hus – en was het morgenrood van de Verlichting wellicht iets vroeger, en met fraaier luister aangebroken dan we nu kunnen bevroeden.*[8]

De erg negatieve waardering van Nietzsche van de Duitse Reformatie is des te merkwaardiger, als we bedenken dat de filosoof met de hamer zijn centrale beginstelling van *Also sprach Zarathustra* aan Luther ontleende. 'God is dood' schreeuwt de dolle Zarathustra in de voorrede van dit experimenteel-literair werk. Het is uitgerekend Luther die deze uitspraak voor het eerst liet registreren, zij het met een andere strekking dan Nietzsche. Voor Luther is de dood van God rechtstreeks verbonden met de kruisdood van Jezus en dus ook met zijn opstanding. Luther was theologisch uiterst consequent. Alles in de Bijbel wijst naar Christus, die de mensgeworden God is. Niet een beetje, zei Luther, als zou er een deeltje van God mens zijn geworden en een ander deel in de hemel is achtergebleven. Nee, God werd volledig mens in Jezus en hij is ook volledig gestorven aan het kruis. God zoals die voorheen was gekend en zoals hij zich had geopenbaard aan het Joodse volk in de Sinaï was niet meer. Het is algemeen bekend dat Luther een hekel had aan de oudtestamentische God met zijn rigoureuze eis om aan een veelheid van wetten, die nooit volkomen zijn in te lossen, te voldoen. Het is precies door de dood van deze God dat het contract dat hij met het Joodse volk sloot op de Sinaï haar rechtsgeldigheid verliest. God zelf heeft het contract ontbonden door eenzijdig zijn genade te geven. Hij deed dit door mens te worden, te sterven en de dood te overwinnen. Het enige wat de mens nog te doen staat is geloven in deze menswording en opstanding.

Het is duidelijk dat Nietzsche deze dogmatische conclusie van Luther niet deelt. Er is in de geestelijke wereld geen sprake van causaliteit. Wat een man 1800 jaar terug deed, heeft voor ons vandaag geen gevolgen. De hemel is weggevaagd, hoe zou men er nog toegang toe hebben? Het had anders gekund, schreef Nietzsche. Hij situeert het noodlot van de moderne Duitse cultuur in 1541, toen reformatorische en contrareformatorische theologen een compromis bereikten over de cruciale punten die hen verdeelde: erfzonde, rechtvaardiging, sacramenten, enz. 'Maar', aldus Nietzsche, 'de benige kop van Luther, vol verdachtmakingen en macabere angsten, verzette zich'.[9] Nietzsche heeft het hier over de gesprekken te Regensburg, begonnen in januari 1541.

---

[8] Nietzsche, *Menselijk, al te menselijk*, 157.

[9] Nietzsche, *Menselijk, al te menselijk*, 375

Regensburger gesprekken

In de jaren 1520 waren de wegen van de Roomse kerk en de reformatorische bewegingen uiteen gegaan. Dit ging stap voor stap, maar beslist. Er waren evenwel aan Roomse zijde bisschoppen die meenden dat de kerk aan een grondige hervorming toe was, zoals ook in Engeland waar de kerk weliswaar was afgescheiden, maar in theologisch oogpunt nog zeer nauw aansloot bij Rome. De aartsbisschop van Keulen, een zekere Hermann von Wied, nodigde in de jaren 1530 al Martin Bucer en ook Philipp Melanchthon uit om te komen helpen bij de verdere hervormingen in zijn bisdom. Bucer ging graag op de uitnodiging in, maar Melanchthon weigerde. Bucer ontwierp daarop samen met Georg Witzel, een getrouwde priester die na een opflakkering van reformatorisch enthousiasme bekoelde en terugkeerde naar de Roomse kerk, een nieuwe kerkstructuur voor het hertogelijke Saksen.[10]

Het moet voor Philipp Melanchthon niet gemakkelijk geweest zijn als jongeman aan de zijde van Luther. Hij ontbeerde het natuurlijke gezag van de reformator en hoewel hij hem intellectueel gerust de baas kon, liet het karakter van Luther weinig tegenspraak toe. In de loop van de jaren 1530 was Melanchthon dan ook al een stuk kritischer ten aanzien van Luther. Openlijk bleef hij zijn trouwste medewerker, maar Melanchthon maakte er geen geheim van dat Luther ook verkeerde keuzes had gemaakt. Vooral over de eucharistie had Luther, aldus Philipp Melanchthon, de bal misgeslagen. Openlijk gaf hij geen kritiek op Luther, maar hij maakte er geen geheim van dat hij de Augsburgse Confessie van 1530 wilde aanpassen. Melanchthon had ze ten andere zelf geschreven. Artikel 10 stipuleert dat het ware lichaam en bloed van Christus waarlijk (*vere*) onder de gestalte van brood en wijn aanwezig zijn en genoten worden.[11] In 1540 stelde Melanchthon dan ook een gewijzigde versie op. Vooral met betrekking tot het Avondmaal (art. 10) kwam deze *'variata'* tegemoet aan de bezwaren van niet-lutherse theologen. Het lichaam en bloed van Christus bleef dan wel 'waarlijk en substantieel aanwezig', maar werd niet langer uitgedeeld doch 'getoond' (*exhibeantur*) aan de deelnemers. Luther was razend en weigerde deze variatie aan te nemen. Deze interne spanningen verhoogden de veerkracht, die nodig was om de tegenkanting van buitenaf te counteren, niet.

---

[10] MacCulloh, *Reformatie*, 240-241.

[11] De Augsburgse Confessie was als een apologie ontworpen. Ze werd een volwaardige geloofsbelijdenis waarin de rechtvaardiging door werken werd vervangen door geloof en de kerk de vergadering van alle gelovigen is waarin het Evangelie wordt gepredikt en de sacramenten worden bediend. Naast de bepalingen over de eucharistie wordt ook de private biecht gehandhaafd en het geweten vrij gelaten. Ook de goede wil wordt onlosmakelijk vastgemaakt aan de genade van God. Samen met Melanchton waren het vooral Jonas en Spalatinus die deze tekst concipieerden. J.N. Bakhuizen van den Brink & J. Lindeboom (1949), *Handboek der Kerkgeschiedenis, Deel 2,* 's Gravenhage: D.. Daamen Uitgeversmaatschappij, 30-31.

Vooral Luther bedreef een machiavellistische politiek. Tijdens de grote Boerenopstand van 1525 schoof hij radicaal zijn evangelische principes aan de kant om de landvorsten de toelating te geven de opstandelingen met geweld uit te moorden.[12] Alles wat de goede zaak kan vooruit helpen is goed. Dit was waarschijnlijk ook de reden waarom Luther en zijn medestanders aan Filips van Hessen, de landvorst bij uitstek die de hervormingen genegen was, schriftelijk toelating gaf om bigamie te bedrijven. Filips hield er naast zijn huwelijk verschillende concubines op na. Hij wilde van Luther de toestemming krijgen om één van deze meisjes te trouwen. Maar Luther wees hem erop dat de vorst reeds getrouwd was en dat 'wat God samenvoegt de mens niet zal scheiden'. Filips had blijkbaar ook al in de Bijbel gelezen en hij wees naar de voorbeelden van de aartsvaders en vooral koning Salomo. Luther legde de landvorst uit dat dit een noodmaatregel was. God liet dit toe omdat het Bijbelse Israël nu eenmaal in een polygame omgeving leefde. Filips antwoordde daarop dat hij ook in een bijzondere situatie moest leven en dat de clausule van een noodmaatregel ook voor hem van toepassing kan zijn, want zijn eerste huwelijk is een ramp en de context is deze van verandering, vandaar. Was het opportunisme of toegeeflijkheid, maar het is een feit dat Luther, Bucer en Melanchthon schriftelijke toestemming gaven aan Filips van Hessen om een tweede keer te trouwen, op voorwaarde dat hij zijn eerste vrouw niet wegstuurde en ze al haar rechten behield. MacCulloh schrijft dat deze actie een dieptepunt was in de protestantse pogingen om wereldlijke heersers voor zich te winnen.[13] Dergelijke escapades waren gesneden koek voor de Roomse tegenstanders. Het katholieke kamp was zelfs opgewekt en drong er bij Keizer Karel op aan om een genereuze houding aan te nemen en landvorst Filips een keizerlijk pardon te geven. Melanchthon was er zodanig van aangedaan dat hij ziek werd.

Maar zowel de protestanten als de katholieken zagen zich geconfronteerd met vernieuwde militaire bewegingen aan Ottomaanse kant. Andermaal schoven ze op naar het Westen en namen de Hongaarse hoofdstad Boeda in. Het was van levensbelang, zowel staatskundig als strategisch, dat men tot een vergelijk kwam en de eenheid in het Rijk herstelde. De grote Duitse historicus Leopold von Ranke (1795-1886) zag een essentiële periode voor Duitsland aanbreken, want dit misschien wel het beslissende moment waarop het Heilige Roomse Rijk in tegenstelkling tot Frankrijk en Engeland geen eenheidsstaat werd en de ge-

---

[12] Luther schreef een smadelijk pamflet waarin hij oproept dat 'iedereen die het kan in het geheim of openlijk de rebellen moet neerslaan, afmaken en neersteken, want niets is zo giftig, schadelijk of duivels als deze opstandelingen'. Het geschrift heet *Wider die räuberischen und mörderischen Rotten der Bauern*. Zie ook: M.A. van den Berg (1990), *Niet het zwaard maar het woord. Luther en Müntzer in de Boerenoorlog van 1525*, Kampen: Uitgeverij De Groot Goudriaan.

[13] MacCulloh, *Reformatie*, 241. Het is goed mogelijk dat de reformatoren meenden dat bigamie beter was dan het overspel waarin de vorst de laatste tien jaar leefde. Verder maakt MacColluh melding van de erg naïeve houding van de reformatoren die dachten dat hun discrete tussenkomst verborgen zou blijven.

matigden er niet in slaagden de kerk van Rome aan hun zijde te krijgen.[14] Naar alle waarschijnlijkheid is Nietzsche's beoordeling van Luther op de analyse van Ranke gebaseerd. Hoe dan ook beginnen Martin Bucer en Phillipp Melanchthon en aan contrareformatorische kant Johannes Gropper en kardinaal Contarini in januari 1541 aan gesprekken van eenheid. Het was absoluut noodzakelijk om, alvorens politieke eenheid en vrede te bereiken, eerst inhoudelijk en dus theologisch op dezelfde golflengte af te stemmen. Het grote knelpunt was de lutherse rechtvaardiging door het geloof alleen. Het was vooral Johannes Gropper die de doorbraak bewerkstelligde.[15] Gropper keerde terug naar Augustinus. Deze kerkvader was voor alle betrokken theologen aanvaardbaar. Hij deelde dus met Luther de negatieve waardering van Augustinus van de *condition humaine*: er is niets in de mens dat goed genoeg is om Gods oordeel te doorstaan. Niet de menselijke goede werken noch de in sacramenten en geloof doorgegeven genade, want eens de mens ze ontvangt, doet hij er afbreuk aan. Er was dus nog een aanvulling nodig. Zowel werken als geloof – en best beide samen - hebben behoefte aan de aanvullende gerechtigheid van Christus. Dit is een 'vreemde rechtschapenheid' die God uiteindelijk aan de onwaardige mens toekent. De reformatorische theologen met Melanchthon voorop waren onder de indruk van deze 'dubbele rechtvaardiging'. Gropper was erin geslaagd om een overeenstemming te bereiken omtrent de rechtvaardiging die voor alle partijen aanvaardbaar was. Deze overeenkomst werd samen met andere bepalingen vastgelegd in het *Regensburger Buch.*

De maanden die volgden waren echter cruciaal. In maart 1541 zou een Rijksdag in Regensburg doorgaan en parallel ook een theologenconferentie. Er heerste een sfeer van verzoening en wil tot eenheid, maar al gauw werd duidelijk dat sommigen eisten dat ook Frankrijk uiteindelijk de overeenkomst zou ratificeren. Anderen wilden dat de problemen van de Habsburgers eerst werden opgelost. Maar de genadeslag die de geest van eenheid deed vluchten, kwam van de theologen. Aan katholieke zijde kon men niet aanvaarden dat de transsubstantiatie in vraag werd gesteld. De protestanten waren niet bereid om te erkennen dat een priester bij de biecht nodig was. De belangrijke gedachten die in het *Regensburger Buch* waren genoteerd en die de eenheid mogelijk maakten, werden op slag irrelevant. Toen uiteindelijk bleek dat de paus en Luther de overeenkomst niet zouden accepteren, werd verzoening begraven. De glans van de pauselijke tiara ontkrachtte de wil tot eenheid, net zoals in de benige kop van Luther geen plek voor verzoening was. De vredesgesprekken mislukten en de godsdienst-

---

[14] L. von Ranke, *Die Römischen Päpste in den letzen vier Jahrhunderten I*, 107 en geciteerd door MacColluh, *Reformatie*, 241-242.,

[15] Johannes Gropper (1503-1559) was zegelbewaarder van de aartsbisschop van Keulen (Hermann von Wied) en een aanhanger van het erasmiaans humanisme. Hij was een gevierd theoloog en kreeg voornamelijk waardering voor zijn *Enchiridion*, een positief en constructief antwoord op Melanchthons *Loci*.

twisten groeiden uit tot een ramp voor Europa. Aan reformatorische zijde bezong men het eigen grote gelijk in apocalyptische toonzetting.

De eindtijdelijke afrekening

Als Luther in 1521 tijdens de Rijksdag te Worms de befaamde woorden 'Hier sta ik, ik kan niet anders' uitspreekt, is dit het slotakkoord van een vlammende toespraak waarin hij zich verdedigde tegen de aantijgingen dat zijn ideeën helemaal geen vrede bewerken, maar verscheurdheid en geweld. Tijdens de toespraak gebruikt Luther veel Bijbelverzen. De citaten uit de Evangeliën, waarin Jezus zegt dat hij geen vrede maar het zwaard brengt, laten de reformator toe om zijn stelling dat overal waar het Woord wordt verkondigd de duivel in het verweer komt, te onderstrepen. En het verzet van het kwaad noemt toe naarmate Gods Koninkrijk meer doorbreekt. De tegenkanting die hem vanuit Rome te beurt valt, kadert in deze doorbraak. Het was dan ook maar een kleine stap voor Luther om in de paus de eindtijdelijke antichrist te zien, 'de hoer van Babylon' uit de *Apocalyps van Johannes*.[16] Hij zal deze apocalyptische perceptie van de actualiteit zijn ganse leven volhouden. In 1525 inspireert het hem om de Boerenopstand met geweld te laten neerslaan. Het is niet zijn meest verfijnde moment. Hij doet dit nog eens over op het einde van zijn leven in zijn laatste geschrift, in zijn zogenaamde 'theologisch testament' *Von den Juden und ihren Lügen* uit 1543.[17] Van Worms over de Boerenopstand tot zijn sterfbed hangt het eindtijdelijke denken rond Luther. De reformator is ervan overtuigd dat deze wereld heel spoedig voorbij zal zijn. Hij ziet zichzelf als de aankondiger, te vergelijken met de Bijbelse Elia of Johannes de Doper. Zijn herontdekking van de bevrijdende genade door het geloof is het teken dat Christus op het punt staat weer te keren om de wereld te oordelen. De urgentie en de scherpte van Luthers verkondiging, maar ook de ver over de schreef gaande oproepen tot haat en geweld, hebben een apocalyptische ondergrond.

Luther en de Reformatie voorin de 16[e] eeuw vertonen alle kenmerken van wat Peter Sloterdijk in zijn studie over apocalyptiek 'de spiltijd van de dissidentie' noemt.[18] Deze scharnierperiode is de tweede helft van de 2[e] eeuw voor onze jaartelling, wanneer onder invloed van het despotische bewind van de Diadochen tijden het Hellenisme de profetisch-moralistische verwerking van het lijden

---

[16] Maarten Luther, *De Babylonische gevangenschap der kerk* uit *Luthers werken (vertaling C.N. Impeta, ingeleid door W.J. Kooiman -1959)*, Kampen: Uitgeverij Kok, 3-120.

[17] Voor een uitvoerige analyse van dit geschrift, zie R. Süss (2006), *Luthers theologisch testament. Over de Joden en hun leugens*, Amsterdam: VU University Press. Hij graaft nog dieper ,naar de wortels van Luthers antisemitisme in R. Süss (2012), *Luther een sympathieke potentaat*, Amsterdam: Bibliotheca Theologica Formicae, 260-329.

[18] P. Sloterdijk (2007), *Woede en tijd. Een politiek-psychologisch essay (vertaling H. Driessen)*: Amsterdam: Sun, 121.

niet meer voldoet. De Joodse theologie van tijdens en na de ballingschap interioriseerde de profetische verontwaardiging en woede voor de mistoestanden. Sloterdijk leest bijvoorbeeld in het zondvloedverhaal hoe God van een 'fundi' in een 'realo' veranderde. De regenboog werd het geduldssymbool. Het lijden moest gedragen worden en zou uiteindelijk lonen. Maar als het lijden en het onrecht toeneemt, wordt geduld een vorm van zelfpijniging en is dit niet eeuwig vol te houden. Het was in de middeleeuwse kloosterspiritualiteit niet anders. Huizinga beschrijft bijvoorbeeld treffend hoe het ridderideaal een verheerlijking van de hogere kerkelijke dienaars en een declassering van de lagere clerus in het leven riep. Daardoor ontstond een geringschatting van de geestelijkheid die als 'onderstroming' door de gehele middeleeuwse cultuur loopt.[19] In het midden van de 15e eeuw was deze cultuur overrijp geworden. Net als in de periode van het Hellenisme ontstonden twee manieren om daarmee om te gaan: de gewapende strijd of de ontwikkeling van een nieuw schema van de wereldgeschiedenis. Het was de gewelddadige revolutie zoals de Makkabeeën in het antieke Israël en de Boeren in het middeleeuwse Duitsland predikten of kiezen voor een apocalyptisch wereldbeeld. In het profetisch moralisme of de kloosterspiritualiteit werd alles ingezet op loutering met het oog op de toekomst, overdracht en ontwikkeling voor komende generaties en afgrenzing met anderen in de buitenwereld om de identiteit aan te scherpen. Dit is in een scharnierperiode zoals het midden van de 2e eeuw v. Chr. en het midden van de 15e eeuw n. Chr. niet meer nodig, want dan is het historisch perspectief: strijd of apocalyptiek, opstand of hoop.

Ook Luther was woest. Hij meende dat de paus snel zou inzien dat de komst van de eindafrekening op handen was. Zijn brief aan Leo X ademt een groot vertrouwen in de hogere hiërarchie uit. Aan de lagere clerus en aflatenhandelaars had hij een gloeiende hekel. Als Luther eerst uit zijn en orde en dan ook uit de Roomse kerk wordt gezet, verstevigt dit zijn apocalyptische visie op de actualiteit. Tegelijk verzet hij zich tegen de revolutionairen die met geweld Gods Koninkrijk willen vestigen. Luther kiest er resoluut voor om God zelf het oordeel te laten uitvoeren, terwijl hij de wereldse leiders in het oor fluistert dat ze nu de kans krijgen om zich als instrumenten van God aan te bieden. Deze houding van Luther heeft psycho-politieke gevolgen: wraak wordt gelegitimeerd en zelfs geheiligd. Voor Luther en de zijn medestanders van het eerste uur was de reformatorische strijd een heilige oorlog, een slagveld van goed tegen kwaad. Daarom was Luther geen middeleeuwer en geen modern mens. Hij vormde een apocalyptische brug tussen beide tijdvakken, een eindtijdelijk theoloog tussen Middeleeuwen en Moderniteit.

[19] J. Huizinga (1963), *Herfsttij der Middeleeuwen. Studie over levens- en gedachtenvormen der veertiende en vijftiende eeuw in Frankrijk en de Nederlanden*, Haarlem: H.D. Tjeenk Willink & Zoon N.V., 182.

Tot slot

Afrondend is het van belang op te merken dat we in onze tijd een terugkeer zien van zowel de prediking van de gewelddadige revolutie als van het apocalyptische wereldbeeld. Omdat onze West-Europese cultuur voor een groot gedeelte religieus analfabeet is geworden, hebben we hoegenaamd geen antwoord op het radicale fundamentalisme dat de samenleving vanuit islamitische hoek bedreigt. Tegelijk kunnen we constateren dat weldenkende theologen ook weinig aankunnen met een toornige God. Oproepen tot geweld en genocide in de Bijbel worden als vervelende teksten doorgaans aan de kant gelaten, zeker tijdens de zondagse liturgie. Toch is het duidelijk dat een monotheïstisch discours altijd de bedreiging van Gods toorn in zich draagt. Er is in de Bijbel wel degelijk sprake over 'wij' en 'zij'. In het beste geval doet men daar niet flauw over en geeft men dit ook eerlijk toe. Dit stelt ons vervolgens in staat om ook onze tijd voor het licht te houden. We kunnen dan een snel oprukkend seculier moralisme waarnemen, een kamp-denken dat ideeën en uitspraken toetst op hun politiek correctheid en op het digitale marktplein ook openlijk sanctioneert. Sloterdijk kenmerkt in zijn studie *Zorn und Zeit* de moderniteit als de periode waarin 'wraak' of 'woede' met 'immanentie' fuseert. De toornige God is een willoze natuur geworden. De moderniteit herleidt de massa tot een kudde schapen die naar de globale marktplaats wordt gedreven om er verplicht te consumeren. In dit kader kunnen we de opstoten van radicaal religieus fundamentalisme voorin de 21ᵉ eeuw duiden. Het is zaak om de mens zijn eigen waarde opnieuw te laten beleven en dit zonder gewelddadige revolutie of apocalyptische eindafrekening. Volgens Sloterdijk heeft de moderniteit een derde en enige vruchtbare weg toegevoegd: de op middellange termijn afgestemde overwinning van historisch gegroeide misverstanden door toepassing van liberaal-democratische procedures.[20]

Het opmerkelijke van deze tijd is de culturele elite en intelligentsia dweept met een kritische levenshouding, maar wat ze doen en denken is alles behalve kritisch. Voor de meeste filosofen en hun volgelingen is God en religie onbespreekbaar. De scheldtirades noem ik geen gesprek. Aan de ander kant blijken theologen en gelovigen niet los te kunnen komen van metafysische constructies die bij nader inzien zelfs niet aan de bron van hun religie staan. Als je deze onverzettelijkheid kadert in de kretologie en turbomeningen van de sociale mediacultuur, kunnen we spreken van een bipolaire samenlevingsvorm. De ontwikkelingen in de 16ᵉ eeuw en de lange weg tot vandaag leren mij dat alleen een denken dat zich rekenschap geeft van de verschuiving van waarden de bipolariteit kan overwinnen. Een geloof dat zichzelf overstijgt in een geestelijke eenheid ook en vooral met andersdenkenden, is ten diepste reformatorisch.

---

[20] Sloterdijk, *Woede en tijd*, 122.

Johan Temmerman

Luther Messias
Een godsdienst-filosofische plaatsbepaling

Hoe kunnen we vandaag, bij de herdenking van 500 jaar Reformatie, spreken over de man die met 95 stellingen een culturele hervorming in beweging bracht? Hoe kunnen we voorin de 21e eeuw spreken over een monnik die het middeleeuwse godsbeeld veranderde? Hoe kunnen we spreken over iemand van wie men zijn antisemitische gevoelens in de jaren 1930 in Duitsland prees om hem er nadien mee te brandmerken? Hoe kunnen we spreken over de theoloog die zei dat God dood was en er onmiddellijk aan toevoegde dat *wir das können schaffen*, als we geloven dat de dode God is opgestaan in zijn zoon? Doorheen dit bos van vragen zal ik Maarten Luther (1483-1546) schetsen als een zegen en een vloek. Een zegen vooral voor de westerse cultuur en in zekere zin een vloek vooral voor de christelijke kerk. Ik zal de grote reformator daarbij flankeren door twee mensen die net als hem een gedreven messiaans zelfbesef aan de dag legden: Franciscus van Assisi (1182-1226) en Friedrich Nietzsche (1844-1900). Ik zal spreken over het Luthergebeuren als over de eerste bliksemschicht die bij valavond een geweldig zomers onweer aankondigt waarvan de weldaden pas de volgende ochtend zichtbaar zijn, wanneer het felle licht alle sporen en zelfs de herinnering aan het nachtelijk ontij doet vergeten.

Het Luthergebeuren

Het reformatorische denken is een zegen omdat het de westerse cultuur vatbaar maakte voor ontwikkelingen die tot de Verlichting leiden, terwijl ze er als antithetische prelude, door nog een laatste keer alles in te zetten op een metafysische waarheid, niets mee van doen had. Theologisch valt het Luthergebeuren ten prooi aan twee evaluaties: het is een ijkpunt om het zich steeds hervormende hart van de religie te erkennen, maar tegelijk is het een voorbeeld van de radicale corrumpering die een verheven zelfbeeld veroorzaakt. Deze tweeslachtigheid is eigen aan het Joods-Hellenistische concept van de Messias, de van God gezondene die een Grieks-Romeinse verlossing brengt. Maarten Luther stond een herijking van het christelijk wereldbeeld voor, inclusief de uitsluiting van Joden en andersdenkenden. Om de christelijke leer opnieuw te gronden wendde de reformator zich tot de kerkvaders en nam hun strijdbaarheid tegen gnostici en pelagianen over om dwepers en humanisten te bekampen. Tegelijk zaaide het Luthergebeuren met messiaans elan het zaad van een charismatisch egocentrisme, waarvoor de door mystiek en navolging platgeslagen laatmiddeleeuwse geest erg vatbaar was. Het nietige individu, dat als hoogste deugd leerde zichzelf minder dan humus te beschouwen, werd door een Wittenberger wonder plots heilig verklaard, ondanks zijn hemeltergende gebrekkigheid. Dit zette de deur open voor horden zelfuitgeroepen Messiassen die stuk voor stuk de ware bedoelingen van de godheid kenden, de ene door stemmen te horen, de andere door waanwijze exegese van de Bijbel en nog een ander door de aan hem persoonlijk geopenbaarde tekenen van de eindtijd.

Het Luthergebeuren maakte van de middeleeuwse valavond een pikdonkere nacht en trok ter bestrijding van angst het apocalyptische deken over het hoofd van het vermoeide continent. Tijdens de nachtelijke worsteling die Europa in de 16e eeuw onderging, dreigde de massa te stikken. De oproep die Luther deed om zelf de Bijbel te lezen en de eigen bevindingen boven paus en concilie te plaatsen, maakte de weg vrij voor een rationalisme dat het breken van de duisternis aankondigde. Het einde was gekomen en het bleek een nieuw begin te zijn. De Reformatie en haar icoon Maarten Luther hebben bijgevolg een belangrijke rol gespeeld in de totstandkoming van de hedendaagse moderne cultuur.[1]

Ik zal in deze bijdrage aantonen dat Luther een fenomeen is van een oudere en bredere grondstroom in het christendom dan de klassieke geschiedschrijving uit confessionele hoek laat vermoeden. In hetzelfde perspectief begint de Reformatie niet in 1517, maar is het een uiting van een constant aanwezige religieus-culturele tendens van verandering in het Westen.

Messias

Hoewel Luther zich nooit als Messias zag, komt zijn zelfbestempeling als herontdekker van het Evangelie en daar direct aan verbonden als heraut van de eindtijd aardig in de buurt. In die zin lijkt hij erg op die andere middeleeuwse kerkhervormer, Franciscus van Assisi. Naar vorm waren beide net zo verschillend als ze naar inhoud radicaal waren. Eveneens gelijklopend is de toonzetting van de latere hagiografische levensbeschrijvingen, die door bewonderaars werden gedicht. Franciscus en Luther verklaarden de gewone mens heilig, de mens zoals hij is gemaakt. Allebei gebruikten daarbij het beeld van Jezus de Messias, zoals het door de canonieke evangeliën is geschetst, als grote voorbeeld en autoriteit. Franciscus legde zijn kleren af en stapte naakt maar manmoedig de wereld in: ecce homo. Luther hief zich in een verbaal harnas en ging de duivelse wereld strijdvaardig tegemoet. Allebei creëerden een schare volgelingen die zich al eeuwen lang op hen beroepen, bij de eerste om een ascetische gekruide vorm van naastenliefde te propageren en door zich het lot van de armste aan te trekken in de hemel te geraken, terwijl de lutherse gelovigen het

[1] Deze nogal eigenzinnige interpretatie van de betekenis van Luther is gebaseerd op de levensschets die ik in hoofdstuk 1 van mijn Lutherboek maak, cf. Johan Temmerman (2016), *Maarten Luther, 500 jaar Reformatie*, Brussel: Academic Scientific Publishers, 4 - 35.

puriteinse hiernumaals openbraken en in het onzalige lot van sukkelaars een bevestiging zagen van hun uitverkiezing. Het lijden dat hen beide ten deel viel, was het lot van een verlosser in een gevallen wereld. Het verdragen van lijden en aanvechtingen versterkte hun messiaans egocentrisme.

Een tweede historische figuur die hoog opliep met Luther, al was het om hem te verwerpen, was Friedrich Nietzsche. De filosoof met de hamer heette de ziekte waaraan de Europese cultuur leed het lutheranisme. Maar ook Nietzsche's denken laat een slijmerig spoor na van volgelingen die zonder last van kennis enkele verzen uit zijn literaire koorts tot slogan verheffen. De meest waardeloze onder hen zag Nietzsche als een Duits nationalist, zoals zijn 19e eeuwse tijdgenoten Luther beschouwden. Nietzsche en Luther hadden verder ook antisemitisch ressentiment gemeen, egocentrisme evenzeer. Samen vormden ze de explosieve cocktail van het nationaalsocialisme. De kater die nadien het Europese hoofd open en dicht deed klappen, wijst Luther als gifmenger aan, omdat hij religie en politiek met elkaar verbond. Nietzsche werd aaibaar als 'vrije geest', een merk dat verkoopt en erin slaagt om het heersend atheïsme met geopolitiek eigenbelang te verbinden. In het licht van Nietzsche, de 19e eeuwse Luther, staat ons een explosieve toekomst te wachten, waarin secularisten als ware engelen van het licht en de verderfelijke demonische religieuze resten elkaar in het teken van de heerlijke nieuwe wereld bestrijden op leven en dood. Dit is de verheven apocalyptiek, eigen aan het messiaanse denken, dat nog steeds de westerse levensbeschouwingen begeestert.

De droom van Innocentius III

Op 8 juni 1198 werd Lotario dei Conti di Segni tot paus verkozen. Hij verving de eerder die dag overleden Celestinus III. Graaf Lotharius van Segni nam als pausnaam Innocentius III aan. Hij profileerde zich als een sterke, doortastende leider en krijgsheer, door onmiddellijk na zijn aanstelling op te roepen tot een vierde kruistocht. Anders dan de voorgaande heilige oorlog slaagde deze vierde onderneming. Westerse troepen namen in 1204 Constantinopel in, vernietigden de grote bibliotheek aldaar en maakten een voorheen ongekend grote buit. Maar het toppunt van zijn macht bezegelde Innocentius III tijdens het Vierde Lateraans Concilie in 1215. De kerk was aan hervormingen toe. Met dit concilie wilde de paus de puntjes op de i zetten. In de slotverklaring bevestigde men eerst de apostolische geloofsbelijdenis uit de 4e eeuw en viel dan meteen uit naar de ketters in eigen rangen. De Italiaanse abt en mysticus Joachim van Fiore (1135-1202) en de Katharen werden er de mantel uitgeveegd. Ketters moesten zich voortaan aan het pauselijk gezag en de geloofsleer van de kerk van Rome onderwerpen, zo niet werden ze met harde lijfstraffen bedacht. Tegen het verderfelijke virus van de Albigenzen werd zelfs een heuse kruistocht in het vooruitzicht gesteld. Na deze waslijst van wat we vandaag als fatwa's kennen, werd ook de transsubstantiatie (de wonderbaarlijke verandering van brood en wijn in lichaam van Christus tijdens de consecratie) voor eeuwig vastgelegd.[2]

Volgens de legende bracht een Italiaanse radicaal bevlogen broeder die *Il Poverello* werd genoemd vijf jaar eerder een bezoek aan paus Innocentius III. De paus moest toentertijd met lede ogen toezien dat in de schoot van de moederkerk te pas en te onpas nieuwe orden werden opgericht. Aan deze wildgroei moest dringend een einde worden gesteld. Meer dan hem lief was besteedde zijne heiligheid tijd en geduld aan deze initiatieven. In dit kader was het bezoek van Franciscus aan Innocentius gepland. Het verhaal gaat dat de paus de nacht voor het onderhoud droomde dat hij in de basiliek van St. Jan van Lateranen te Rome stond terwijl het gebouw dreigde in te storten. Hij zag hoe een onooglijke bedelaar met zijn handen de zuilen stutte. De volgende morgen herkende hij de bedelaar in de persoon van Franciscus van Assisi. Prompt gaf hij dan ook toelating om een nieuwe orde te stichten. Vijf jaar later op het Vierde Lateraans Concilie verbood dezelfde paus alle initiatieven die tot een nieuwe orde zouden leiden. De Franciscanen waren als bij wonder en in extremis door het oog van de naald geglipt. Volgens Franciscaanse kroniekschrijvers was de droom van Innocentius III een teken van God.

Boete doen

Een andere befaamde scene uit het heiligenleven van Franciscus was zijn onterving. De vader van *Il Poverello* was een bemiddeld koopman die zijn zoon zag radicaliseren. Toen vader het familiebezit als ultiem wapen in de strijd wierp en ermee dreigde zijn zoon te onterven, trok Franciscus de kleren uit en begon poedelnaakt op het marktplein van Assisi te verkondigen. Volgens zijn eigen woorden, opgetekend in zijn testament, begon op dat moment zijn weg uit de wereld. Deze weg trok doorheen de eeuwen velen aan. Het kompas om de juiste route te volgen was de verlossende figuur van Jezus Christus. Alles wat Franciscus deed was symbolisch geladen, van vervallen kapellen weer opbouwen tot een Egyptereis om de sultan te bekeren. Dit waren allemaal tekenen om erop te wijzen dat de kerk zich dringend diende te hervormen. De beoogde reformatie was door God ingezet en begon met een verandering van het individu. Deze verandering was radicaal. Het is daarbij opmerkelijk dat Franciscus, net als Luther drie honderd jaar later, de hervorming van het christelijke leven samenvatte met 'boetvaardigheid'. In zijn testament, opgetekend door een secretaris, spreekt Franciscus over zijn omkering als zijnde 'het begin van een leven in boetvaar-

[2] Zie: https://www.rkdocumenten.nl/rkdocs/index.php?mi=650&dos=77

digheid'.[3] Het document dateert uit 1226. Bijna drie honderd jaar later vat Luther het christelijke leven in zijn eerste stelling als volgt samen:

> *Toen onze Heer en Meester Jezus Christus zei: 'Doet boete' enz. (Matth. 4: 17), wilde Hij dat het hele leven van zijn gelovigen een voortdurende boete zou zijn.*

Luther staaft zijn eerste stelling met een citaat uit het Mattheüsevangelie, waarbij hij *metanoia* (bekering) vertaalt met 'boete doen', ongetwijfeld een omzetting van de Vulgaattekst '*Poenitantiam agite*'. Franciscus en Luther gebruikten niet alleen dezelfde Bijbelvertaling van Hieronymus, ze hanteerden tevens hetzelfde uitgangspunt (boetvaardigheid) en doelstelling (de kerk door persoonlijke toewijding hervormen). Allebei hekelden uitwendigheden, dit was rijkdom voor Franciscus en aflatenhandel voor Luther. Beide charismatische persoonlijkheden meenden dat hun 'ontdekking' met halleluja zou onthaald worden. Beide kwamen bedrogen uit, wat ze als teken van hun uitverkiezing en navolging van Jezus beschouwden. Zo meende Franciscus dat zijn reis naar de sultan in Egypte een positief resultaat zou kennen, omdat hij hem in alle eenvoud de waarde van het christendom ging uitleggen, waardoor de islamitische leider zich zeker zou bekeren. Ook Luther meende dat eerst de paus en later ook de keizer te Worms zich zouden bekeren, als ze in alle eenvoud zijn herontdekking van de genade zouden vernemen. Ziek en ontgoocheld keerde Franciscus in 1220 terug uit Egypte en toen in de jaren daarop volgend ook zijn ordebroeders onderling begonnen te twisten, legde hij de leiding over hen neer en trok zich terug in mystieke beleving. In 1224 ontvangt hij de stigmata en nog eens twee jaar later overlijdt *Il Poverello*. Luther was na de Rijksdag te Worms in 1521 ook erg ontgoocheld, maar hij zet door. Na zijn verblijf op de Wartburg keert hij terug naar Wittenberg en verzet zich hevig tegen dwepers en boeren, tot hij tekenen van oververmoeidheid en depressie begint te vertonen. Hij verdwijnt van het toneel. Daarna is hij niet meer dezelfde. Anders dan Franciscus trekt Luther zich niet terug in mystiek, maar concentreert hij zich op Bijbelvertaling. Ook geen stigmata bij de Duitse reformator, maar hij schrijft wel een erg geromantiseerde terugblik op zijn leven en werk, te vergelijken met Franciscus' testament, in het voorwoord op zijn verzamelde werken in 1545, een jaar voor zijn dood.

Egocentrisme

Franciscus en Luther boorden de initiële dynamiek van hervorming die eigen aan religie is aan. Doorgaans wordt religie gelinkt aan conservatieve instituten. Daardoor verliezen we gemakkelijk uit het oog dat geloof ten diepste mensen in

---

[3] Todoroff Boris (2002, *Laat heb ik je liefgehad. Christelijke mystiek van Jezus tot nu*, Leuven: Davidsfonds, 188.

beweging brengt. De *homo religiosus* is tegelijk een *homo viator*. We kunnen opmerken dat elke hervormingsdynamiek onmiddellijk en vaak door de volgelingen van het eerste uur wordt vastgelegd. Wat in beweging zet spijkert men vast in dogmatische regels. Zo is het, zegt men, en niet anders. Wat de meester heeft maar de leerling ontbreekt, is het zelfbewustzijn dat hij een historische rol te vervullen heeft als spreekbuis van God zelf. Alleen iemand met een flink uit de kluiten gewassen zelfbesef zal, zelfs in de diepe Middeleeuwen, de kleren afwerpen en 'zoals God hem heeft gemaakt' de wereld intrekken om de blijde boodschap te verkondigen aan mensen en dieren.[4] Met hetzelfde verheven zelfbeeld nagelt een jonge monnik stellingen aan een kerkdeur, waarin hij de geestelijke en wereldse overheden op de ware toedracht van het leven wijst en nadien zegt, ontdaan van alle intellectuele klederdracht: 'Hier sta ik, ik kan niet anders'. Aan een verheven zelfbewustzijn dat de betrokkene van een historisch belang doordringt, kleeft wat we vandaag egocentrisme noemen. Het verbindt spirituele hervormers en wereldse heersers. Dit egocentrisme wordt gevoed als de persoon tot de dynamische hervormingskern van de religie doorstoot. De bevrijding die hij ervaart is zodanig weldadig dat hij meent alles en iedereen daartoe de weg te moeten wijzen, want het is voor alle mensen essentieel. Religieus spreekt men van verlossing. In christelijk perspectief van incarnatie: Jezus de Messias of God werd mens.

Een tweede kenmerk van messiaanse hervormingsdrang is de afwijzing van hermeneutiek. In zijn testament laat Franciscus optekenen dat men niet met spitsvondigheden moet zeggen 'dit moet zo verstaan worden'.[5] Eenvoudig en direct moeten zijn broeders de regels gehoorzamen. Ook de Bijbelteksten moeten letterlijk zonder interpretatiekunst begrepen worden. De kern van de zaak wordt doorgaans door intellectuele strapatsen verdoezeld, meende ook Luther, waardoor hij een ferme haat tegen de scholastici ontwikkelde. Ze waren als duivels die het woord van God misbruikten. Dit afwijzen van hermeneutiek dooft de initiële dynamiek van spirituele overdracht. Teksten zetten in beweging, maakt mensen solidair en liefdevol. Maar ze kunnen ook mensen tot conflict en

---

[4] Het is opmerkelijk dat het beeld van een volwassene die naakt de wereld instapt, cultureel geijkt is als symbool van een nieuw begin. Dat dit niet altijd verbonden is met een religieuze wedergeboorte, zoals bij Franciscus van Assisi, maar ook een seculiere uitdrukking van ontluikende levenslust is geworden, blijkt uit de iconische Vlaamse roman *Pallieter* van Felix Timmermans uit 1916. De roman werd tijdens de dreigende aanloop tot de Eerste Wereldoorlog geschreven als hoopbrenger in bange tijden. In het eerste hoofdstuk van het verhaal verschijnt het hoofdpersonage ten tonele als hij naakt of 'in zijn geboortekleed' uit de rivier de Nete stapt. Pallieter is een figuur die het leven, de mensen en de natuur hartstochtelijk lief heeft, maar zich tegelijk weinig aan processies en misvieringen gelegen laat zijn. Felix Timmermans (2016), *Pallieter (bezorgd door Wendy Lemmens met een nawoord van Kevin Absillis)*, Kalmthout: Uitgeverij Polis.

[5] Vers 38 uit het testament luidt: *En al mijn broeders, geestelijken en leken, beveel ik uitdrukkelijk op gehoorzaamheid dat zij geen aantekeningen maken bij de regel of bij deze woorden in de trant van 'dit moet zo verstaan worden'.* Voor de volledige tekst, zie: http://zustersclarissen3800.be/data/documents/Testament-van-Franciscus.pdf

oorlog aanzetten. Daarom is het noodzakelijk om op een degelijke manier taal en context te onderzoeken en tot een levensvatbare betekenis voor vandaag te komen. Negeert men deze methodische tekstuitleg dan dreigt een radicale ontlediging en corrumpering van het dynamisch elan van de religie. Een gezwollen egocentrisme zal de eigen interpretatie als meest eenvoudige en zuivere betekenis aanmerken. Dit deden zowel Franciscus en Luther. Om hun dwarse afwijzing van het verstand te vergoelijken beriepen ze zich op het al even dwarse geloof dat de eindtijd was begonnen met hun optreden. Dit brengt ons bij de apocalyptische toonzetting die Middeleeuwen, Reformatie en Moderniteit verbindt.

Apocalyptiek

We gaan van Franciscus' testament naar dat van Nietzsche, meer dan 600 jaar later. In *Ecce homo* (geschreven in 1888, gepubliceerd in 1908) ziet Nietzsche terug op zijn literair-filosofische wandelingen in de streken tussen Wittenberg en Assisi. Hij liep alleen en te voet en verkeerde ook geestelijk op de bergtoppen tussen de azuren blauwe Italiaanse hemel en de grijsgroene Duitse dalen. Nietzsche was net als Franciscus en Luther een dichter en muzikant. Befaamd van Franciscus is zijn zogenaamde 'Zonnelied', dat oorspronkelijk 'Ode aan de schepselen' heette. Nietzsche dichtte 'heroïsche' muziek bij een tekst van Lou Andreas-Salomé, getiteld *Hymnus auf das Leben*, dat hij in een brief aan zijn vriendin 'Gebed tot het leven' noemt.[6] De tekst van Salomé is erg nietzscheaans, zodanig dat men meende dat de filosoof ook tekende voor de tekst, toen hij de partituur (voor gemengd koor en orkest) in Leipzig publiceerde.[7] Deze tekst die Nietzsche erg aansprak, was van de hand van Lou von Salomé.[8] We treffen een gelijklopende gedachte aan het slot van beide teksten. Franciscus schrijft in zijn *Ode aan de schepselen* dat ziekte en tegenspoed uit liefde moeten verdragen worden. Lou Salomé verwoordt het aan het einde van haar *Ode aan het leven* als volgt: 'Als jij (*het leven*) mij geen geluk meer hebt te geven - welaan, dan hebt jij nog uw pijn'. God die Franciscus bezingt is in de 19e eeuw verdwenen en vervangen door het leven, in nietzscheaans perspectief het leven van de mens die zich tot scheppende geest verheft of de zichzelf door creativiteit verlossende

---

[6] Lou Andreas-Salomé (1983), *Friedrich Nietzsche (met aantekeningen van Thomas Pfeiffer, uitgegeven door Ernst Pfeiffer, vertaald door Léon Hanssen)*, Amsterdam: Uitgeverij De Arbeiderspers, 9.

[7] De volledige tekst is te vinden in Lou Andreas-Salomé, *Friedrich Nietzsche*, 243-244.

[8] Nietzsche schrift in *Ecce homo*: 'De tekst, dit zij met nadruk opgemerkt omdat daarover een misverstand in omloop is, is niet van mij: het is de verbazingwekkende inspiratie van een jonge Russin met wie ik toen bevriend was, juffrouw Lou von Salomé.' Friedrich Nietzsche (2011), *Ecce homo. Hoe iemand wordt wat hij is (vertaald op basis van de eerdere vertaling van Pé Hawinkels door Paul Beers)*, Amsterdam/Antwerpen: Uitgeverij De Arbeiderspers, 95.

mens. Dit maakt Luther tot een schitterend scharnier tussen Franciscus' God en Nietzsche 's Übermensch.

Maar naast muziek en een uitgesproken gevoel voor het tragische verbindt heroïsme als ideaal zowel Franciscus, Luther en Nietzsche met de Messias. 'Heroïsme', zo schreef Nietzsche aan Lou von Salomé op een papiertje, 'dat is de gezindheid van een mens die een doel nastreeft in vergelijking waarmee hij zelf in het geheel niet meer meetelt. Heroïsme is de goede wil tot absolute zelfondergang.'[9] Dit citaat treft onze drie protagonisten en de Messias of mensen die zichzelf tot doel hebben gesteld om de mensheid te verlossen. Ze hadden een verloste of *Übermenschheit* op het oog. Zulke personen staan op een keerpunt en dragen zowel het oude als het nieuwe in zich, de duisternis van de wereldse ziel als de verlichte gestalte van de geest. De Messiasfiguur als einde en nieuw begin. Dit maakt van deze charismatische egocentristen tevens apocalyptici pur sang. Het Koninkrijk Gods kan men door het oog van de naald, zijnde resp. armoede, geloof of het besef van de eeuwige wederkeer bereiken. Het volstaat om 'ja' te zeggen tot wat reeds is gegeven. Dit is voor Franciscus het naakte leven, voor Luther de genade van God en voor Nietzsche het heroïsche karakter. In *Jenseits von Gut und Böse* schrijft hij: 'Heb je karakter, dan heb je ook je typische ervaring die altijd terugkomt'. Toen Luther hoog op de Wartburg in ballingschap vertoefde en zijn jonge medewerker Phillipp Melanchthon slechts moeizaam de gemoederen in Wittenberg kon bedwingen, klaagde de jongeman bij zijn meester dat hij zichzelf amper van zonde kon vrijhouden. Luther schreef in een brief als antwoord: 'Zondig dapper, maar geloof nog veel meer'.[10] Je moet met andere woorden niet vechten tegen je karakter, maar het dapper (ver)dragen. Luther schoof de kwaliteit van het geloof naar voor om uit de karakteriële cocon los te braken. Het lutherse geloof is een gevolg van een levenskrachtige wil. Voor Nietzsche is dit de wil tot macht.[11]

De verbinding tussen Luther en Nietzsche is naadloos als je lutherse genade en nietzscheaanse inspiratie analyseert. In *Ecce homo* blikt Nietzsche terug naar het moment waarin hij *Also sprach Zarathustra* in zijn geest concipieerde. Je

---

[9] Lou Andreas-Salomé, *Friedrich Nietzsche*, 31.

[10] Geciteerd door H. A. Oberman (1988), *Luther. Mens tussen God en duivel*, Kampen: Uitgeverij Kok, 312.

[11] In *Also sprach Zarathustra* schrijft Nietzsche dat de wil tot macht een scheppende wil is of pure levenskracht. 'Willen bevrijdt: dat is de ware leer van wil en vrijheid'. Ook voor Zarathustra is verlossing niet zozeer het wegnemen van pijn en lijden, maar een toekomstperspectief of 'zien wat komen moet'. Het gaat Nietzsche geenszins om een leven na de dood – het zwaartepunt van dit leven erbuiten leggen is een leugen – maar om de kluistering aan de tijd los te maken. Deze gebondenheid aan het verleden is 'de geest van wraak' en maakt verlossing tot 'willen niet te willen', iets ongerijmd dus of 'een fabellied van de waanzin'. Friedrich Nietzsche (1996), *Aldus sprak Zarathoestra. Een boek voor iedereen en niemand (vertaald door Wilfred Oranje)*, Amsterdam/Meppel: Uitgeverij Boom, 58-61 en 87. De wil tot macht en de kwaliteit van het geloof doen allebei een beroep op de mogelijkheid om binnen het tijdelijke bestaan een tijdloze tendens te capteren. Ik werk deze gedachte uit in Johan Temmerman (2012), *Profetie en Moderniteit*, Gent: Bola Editions, 254-264.

kan op zo'n moment de voorstelling dat je incarnatie, mondstuk of medium van hogere machten bent nauwelijks van je afzetten. Hij schrijft: 'Je hoort, je zoekt niet; je neemt, je vraagt niet wie er geeft; als een bliksem flitst een gedachte op, onafwendbaar, zonder aarzeling in de juiste vorm, - ik heb nooit een vrije keus gehad.'[12] Ten aanzien van de genadige inspiratie is de mens volgens Nietzsche zonder vrije wil. Het is een diepe geluksensatie, waarin het pijnlijkste en het duistere niet als tegenstelling wordt ervaren, maar als erbij horend, als uitgelokt, 'als een noodzakelijk kleur te midden van een dergelijke overvloed aan licht (...) alles gebeurt in de hoogste mate onvrijwillig, maar als het ware in een stormachtig gevoel van vrijheid, van onafhankelijkheid, van macht, van goddelijkheid.'[13]

Voor Luther had de genade dan weer een meer cognitieve betekenis, iets wat je ten diepste treft in je verstand, waardoor je niets anders meer kan doen dan geloven. Het brengt je van je stuk, schrijft Nietzsche en het had uit Luthers pen kunnen vloeien. Wat deze genadige inspiratie teweegbrengt is een grenzeloze creatieve energie. Beide schreven, musiceerden en dansten.[14] De urgentie waarmee zowel Franciscus, Luther en Nietzsche tegen het leven aankeken, getuigt van het besef dat ze slechts een korte tijd hadden en dat het 'nu of nooit' was. Terwijl Luther kordater en rationeler in het letterlijke einde van de tijd leeft, leggen Franciscus en Nietzsche een meer mystieke invulling van het tijdsverloop aan de dag. Franciscus was er gerust op dat zijn louterende levenshouding voldoende was om de hemel die op hem wachtte te betreden. Hij had zijn leven als offer in de waagschaal gelegd, in navolging van zijn grote voorbeeld Jezus. In franciscaanse traditie ziet men *Il Poverello* dan ook als de meest voortreffelijke leerling van de Messias. Nietzsche had geen voorbeelden nodig. Maar zijn diagnose van de ziekte waaraan de westerse en vooral Duitse cultuur lijdt, vraagt om een radicale therapie. Daarom schreef de filosoof met de hamer voor om jezelf en de mensheid niet als einddoel van de evolutie te beschouwen. Er komt nog iets na ons. De mens is niet het hoogtepunt noch de bestemming van de natuur. We leven naar een übermensch toe, naar een volgende stap in de evolutie. Het van existentieel belang je daarop te oriënteren. En ook Nietzsche stelde zijn leven en geluk in dienst van zijn werk. Het enige van belang is de aankondiging van de Übermensch.[15] Ook al ziet Nietzsche de übermensch komen in een wentelende beweging doorheen de tijd, waarin alles gelouterd

[12] Nietzsche, Ecce homo, 98.

[13] Nietzsche, Ecce homo, 99.

[14] Hierboven maakte ik melding van Nietzsche's muzikale aspiraties. Dat Luther een voortreffelijk componist was, kan je lezen in de bijdrage van Mar van der Veer in deze bundel.

[15] In het laatste hoofdstuk van *Also sprach Zarathustra* verwoordt Nietzsche het als volgt: 'Mededogen! Mededogen met de hogere mens! Riep hij uit en zijn gelaat werd van brons. Welaan dan, dit heeft zijn tijd gehad. Mijn verdriet en mijn mededogen, wat doet het ertoe! Streef ik dan naar geluk? Ik streef naar mijn werk!' Nietzsche, *Zarathustra*, 323.

wederkeert, het blijft 'komende' zoals de franciscaanse hemel en het lutherse Godsrijk. De combinatie van een verheven zelfbeeld en een egocentrische levenshouding maakt onze drie denkers, elk in hun tijd, exponent van een urgente verkondiging van levensverandering met het oog op een stralende toekomst. Dat zij zelf reeds in deze apocalyptische nieuwe wereld thuis waren, geeft hen een profetisch-messiaanse gestalte.

Tot slot

De grondstroom die we hier veronderstellen en waarvan zowel Franciscus, Luther en Nietzsche getuigenis afleggen, werd voorin de 21^{e} eeuw in kaart gebracht door de Duitse filosoof Peter Sloterdijk. Omdat de mens geen genoegen neemt met het leven zoals het is gegeven, oefent hij zich voortdurend om zijn leven te veranderen. Daartoe ontwikkelt men in de cultuur oefensystemen, rituelen en technieken. Sloterdijk vat dit samen onder de noemer 'antropotechniek'.[16] Met betrekking op ons onderwerp merkt Sloterdijk op dat de Reformatie van Luther de Oriënt uit het moderne christendom heeft gebannen. Het rigoureuze en atletisch aandoende ascetisme van de woestijnvaders en de semi-yogische excessen van de Syrische pilaarzitters bijvoorbeeld, om niet te spreken van de monastieke klooster/kazernes, werden door een verheven lekenspiritualiteit nietig verklaard. Ik vul aan en zie met de Oosterse verbeelding eerst de hel en het vagevuur verdwijnen, daarna ook de hemel. Een redelijke en ook kritische benadering van de werkelijkheid, gaf het levenslicht aan de idee 'geschiedenis' en de daarbij horende gedachte dat we deze binnen de grenzen van noodwendigheid ook kunnen bepalen. Deze oriëntatie die in de Verlichting ontstaat, maakt expliciet uitsluiting van een door God gestuurd tijdsbegrip. De kerken van alle gezindten bevinden zich dan ook vanaf de 19^{e} eeuw in een steeds grotere ethische kramp, wat Sloterdijk ten aanzien van seksualiteit de gedachte ontlokt dat 'de op zichzelf eerbiedwaardige onvoorwaardelijke inzet voor de bescherming van zowel het ongeboren als het geboren leven maakt de kerken tot aanhangers van de meest cynische biopolitieke operatie aller tijden.'[17] Het gaat hier over problemen als overbevolking, armoede en ecologie. Moet een verlossingsleer voor de mensheid zich niet met deze dringende en dwingende problemen bezig houden? Moet een christelijke theologie die haar naam waardig is, na het historisch-kritisch onderzoek naar het zelfbewustzijn van de Messias in de 19^{e} eeuw, zich in de 21 eeuw niet bezighouden met het messiaanse verantwoordelijkheidsbesef? In dit perspectief is de herdenking van 500 jaar Reformatie in elk geval de moeite waard.

[16] Peter Sloterdijk (2009), *Je moet je leven veranderen. Over antropotechniek(vertaling Hans Dreissen)*, Amsterdam: Boom.
[17] Sloterdijk, *Je moet je leven veranderen*, 355.

Mar van der Veer

Van geloofsleer tot geloofslied. Een onderzoek naar hoe Luther dogmatiek verwerkt tot een lied

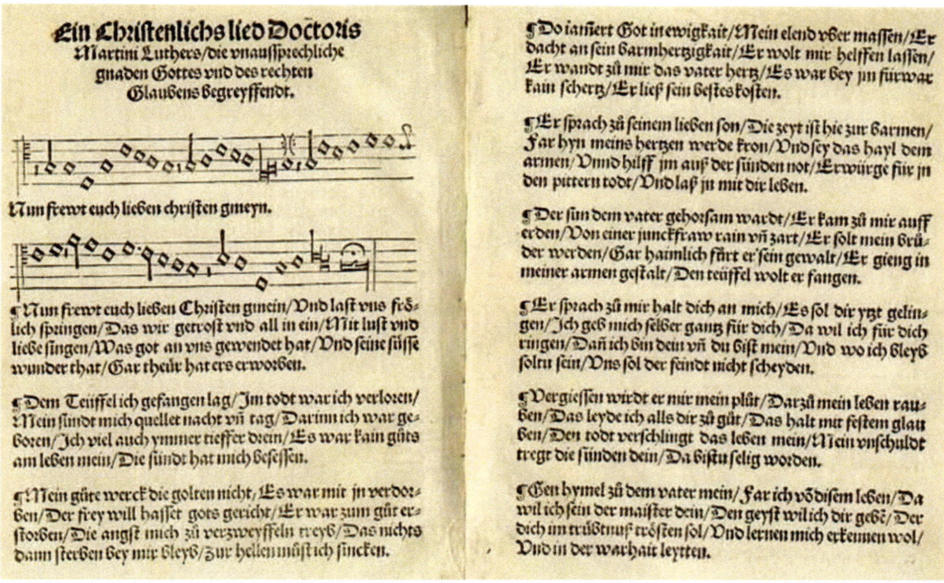

Ein Christenlichs lied Doctoris Martini Luthers/die vnaussprechliche gnaden Gottes vnd des rechten Glaubens begreyffendt.

Nun frewt euch lieben christen gmeyn.

¶ Nun frewt euch lieben Christen gmein/Vnd last vns frölich springen/Das wir getrost vnd all in ein/Mit lust vnd liebe singen/Was got an vns gewendet hat/Vnd seine süsse wunder that/Gar theür hat ers erworben.

¶ Dem Teüffel ich gefangen lag/Im todt war ich verloren/Mein sündt mich quellet nacht vñ tag/Darinn ich war geboren/Ich viel auch ymmer tieffer drein/Es war kain güts am leben mein/Die sündt hat mich besessen.

¶ Mein güte werck die golten nicht/Es war mit jn verdorben/Der frey will hasset gots gericht/Er war zum güt erstorben/Die angst mich zü verzweyffeln treyb/Das nichts dann sterben bey mir bleyb/Zur hellen müst ich sincken.

¶ Do iamert Got in ewigkait/Mein elend vber massen/Er dacht an sein barmhertzigkait/Er wolt mir helffen lassen/Er wandt zü mir das vater hertz/Es war bey jm fürwar kain schertz/Er liess sein bestes kosten.

¶ Er sprach zü seinem lieben son/Die zeyt ist hie zur barmen/Far hyn meins hertzen werde kron/Vnd sey das hayl dem armen/Vnnd hilff jm auss der sünden not/Erwürge für jn den pittern todt/Vnd lass jn mit dir leben.

¶ Der sun dem vater gehorsam wardt/Er kam zü mir auff erden/Von einer junckfraw rain vñ zart/Er solt mein brüder werden/Gar haimlich fürt er sein gewalt/Er gieng in meiner armen gestalt/Den teüffel wolt er fangen.

¶ Er sprach zü mir halt dich an mich/Es sol dir yetzt gelingen/Ich geb mich selber gantz für dich/Da wil ich für dich ringen/Dañ ich bin dein vñ du bist mein/Vnd wo ich bleyb solstu sein/Vns sol der feindt nicht scheyden.

¶ Vergiessen wirdt er mir mein plüt/Darzü mein leben rauben/Das leyde ich alls dir zü güt/Das halt mit festem glauben/Den todt verschlingt das leben mein/Mein vnschuldt tregt die sünden dein/Da bistu selig worden.

¶ Gen hymel zü dem vater mein/Far ich võ disem leben/Da wil ich sein der maister dein/Den geyst wil ich dir gebẽ/Der dich im trübnuss trösten sol/Vnd lernen mich erkennen wol/Vnd in der warhait leytten.

1. Opmaat

Luther heeft geen speciale dogmatiek geschreven. Zijn theologie is te vinden in de geschriften die hij het licht liet zien, in zijn colleges, zijn '*Tischreden*', zijn Bijbelcommentaren, zijn preken én zijn liederen. Dat laatste is boeiend. De liederen van Luther vertellen dat hij een directe verbinding zocht tussen het belijden en het beleven. Wat Luther ontdekt heeft blijft niet in een studeerkamer of is uitsluitend een reden tot een theologische discussie met anderen. Hij vertaalt theologie in liederen en reikt deze aan om gezongen te worden. Hij legt ze in de mond van gewone mensen. Mensen als groep (de gemeente, de catechisanten) maar ook mensen als individuele gelovige.

Toen we in het kader van de module 'dogmatiek' begonnen met de theologie van Luther schoot me onmiddellijk het lied '*Nun freut euch, lieben Christen g'mein*' in gedachten. Ik wist dat het lied 'gezongen theologie' was. Om deze reden besloot ik dit vrij lange lied als onderwerp van onderzoek te maken. Ik wilde een vergelijking maken met de *'Kleine Katechismus'* van Luther en wel het gedeelte dat nauw aansluit bij de inhoud van het lied: het tweede deel en daarvan vraag en antwoord twee.

Vragen die in me opkwamen waren: kun je leerstelligheid wel in een lied vertalen? Of is dat per definitie tot mislukken gedoemd omdat liederen om poëzie vragen? Welke elementen uit de *'Katechismus'* worden verwerkt in het lied? Op welke wijze doet Luther dit: laat hij delen weg of voegt hij ook andere elementen toe? Een volgende vraag die me bezig hield was de vraag naar de reden waarom Luther dit lied schreef. Hoe moet je dit lied plaatsen in het kader van zijn ontwikkeling en wat wilde hij met dit gezang bereiken? Als kerkmusicus kon ik het niet nalaten ook onderzoek te doen naar de melodie bij dit lied. Voegt de melodie iets toe aan het lied waardoor we begrijpen hoe we het lied verstaan moeten?

Naarmate ik langer bezig was met deze thematiek deed ik diverse verrassende ontdekkingen. Ook andere theologische lijnen komen samen in dit lied. In Nederland hebben de samenstellers van het nieuwe *Liedboek: Zingen en bidden in huis en kerk* dit lied niet meer opgenomen. Ik hoop in dit artikel aan te tonen dat dit besluit een verlies betekent voor de kerkzang in Nederland.

Hoofdvraag en werkwijze

De hoofdvraag van dit onderzoek luidt: op welke wijze vertaalt de reformator Maarten Luther (1483 – 1546) vraag en antwoord 2 van het Tweede deel van de *Kleine Katechismus* in het lied *Nun freut euch lieben Christen gmein*? Daartoe leg ik de inhoud van het catechismusdeel naast de tekst van het lied en zoek ik naar de overeenkomsten. Hieruit ontstaat de vraag: welke elementen voegt Luther aan de leerstelligheid toe om geloofsleer tot geloofslied te maken? Na elk couplet volgt een theologische en literaire analyse. Bepaalde theologische aspecten worden wat dieper uitgewerkt. Tenslotte komt ook het muzikale aspect aan de orde. Want het karakter van de melodie bepaalt hoe het lied geïnterpreteerd moet worden. Door de melodie leren we de bedoeling van het lied ten diepste verstaan. Het geheel zal ik laten voorafgaan door een beschrijving van de historische context waarin dit lied is ontstaan.

2. Historische context

Op 1 juli 1523 worden op de Grote Markt in Brussel twee lutheranen op de brandstapel verbrand. Het betrof twee Augustijner monniken uit Antwerpen, Hendrik Voes en Johan van Esschen. Het is de allereerste terechtstelling in de strijd tegen de oprukkende reformatie. Deze terechtstelling vond plaats bijna zes jaar nadat Maarten Luther de 95 stellingen in Wittenberg publiceerde. Op het moment dat Luther van de terechtstelling verneemt is hij – na zijn verblijf op de Wartburg – weer in Wittenberg. Hij trekt prekend door Midden-Duitsland. In die tijd houdt hij zich ook bezig met vragen met betrekking tot een aangepaste liturgie. Luther vernieuwt de eredienst en publiceert de geschriften *'Over de orde van dienst in de gemeente'* en *'Formula missae'*.

Geschokt door de dood van de twee monniken, die net als Luther zelf Augustijner monniken waren, besluit Luther een lied te schrijven. Het is het eerste lied dat we van zijn hand kennen. De titel van het lied luidt *'Ein neues Lied wir heben an'*. Luther wil zijn ontzetting delen met anderen door middel van een lied. Luther zingt van hun moed, hun geloof en wil dit verhaal als nieuwsbericht laten klinken in alle landen. Niet voor niets klinken er de regels *'Die Asche will nicht lassen ab. Sie stäubt in allen Landen'*. Het lied eindigt met vertrouwen in de toekomst, getuige de slotregels

Der Sommer ist hart für der Thür
Der Winter ist vergangen
Die zarten Blümlein geh'n herfür:
Der das hat angefangen
Der wird es wohl vollenden.

Door middel van dit lied sluit Luther aan bij de gewoonte om schokkende nieuwsfeiten vanuit een bewogen, partijdig standpunt door te geven. Veelal werden deze teksten geschreven op bekende melodieën zodat de liederen razendsnel konden worden verspreid via zogenaamde *'Flugblätter'*. Het was in die tijd een moderne vorm van communicatie en meningsvorming. Het lied over de martelaren, in feite een ballade, was niet voor de kerk bestemd, maar voor magistraat tot marktkoopman.

Vrij snel na dit lied moet het lied ontstaan zijn dat het thema van dit werkstuk is. *'Nun freut euch lieben Christen g'mein.'* We moeten ook dit lied nog niet als een kerklied zien. Het lied is eveneens 'nieuws' dat verdient om door middel van '*Flugblätter*' alom gezongen te worden. Het doel is '*das sensationellste Ereignis der Heils-und Weltgeschichte – Gott schickt seinen eigenen Sohn als unseren Retter auf diese Erde – als liedhafte Neuzeitung auszurufen.*'[1] Weliswaar wordt vanaf 1524 dit lied ook in kerkelijke gezangboekjes opgenomen zoals *Etlich Christlich lider Lobgesang/und Psalm* (het zogenaamde Acht –liederenboekje Augsburg 1524) maar dit lied is afzonderlijk ontstaan. In het 'Acht – liederenboekje' vormt '*Nun freut euch lieben Christen g'mein*' het openingslied.

Concluderend kunnen we vaststellen dat Luther, na het eerste lied over de verbranding van twee monniken, de passie van het dichten te pakken kreeg en

[1] Martin Evang en Ilsabe Seibt (2014), *Liederkunde zum Evangelischen Gesangbuch*, Göttingen: Vandenhoeck & Ruprecht, 46

vrijwel direct is doorgegaan met een tweede lied waarin hij het Evangelie, het grote nieuws, bezingt. We hebben (afgezien van het martelarenlied) in'*Nun freut euch lieben Christen g'mein'* te maken met het oudste geestelijke lied van Luther. Daarna is Luther verder gegaan met het dichten van andere liederen die als kerklied en als catecheselied een functie zouden krijgen. Het brengt ons vanzelf tot de vraag waarom Luther de vorm van het lied koos om de boodschap van het Evangelie door te geven.

Waarom schreef Luther liederen?

Voorop dient gesteld te worden dat Luther een groot liefhebber van muziek was. In uitbundige bewoordingen heeft hij de lof van de muziek bezongen. Hij zag er het belang van in, zowel voor de kerk als voor het onderwijs. Bekend is zijn uitspraak 'Een schoolmeester moet kunnen zingen, anders kijk ik hem niet aan.' Daarnaast roemde hij de waarde van muziek voor het persoonlijke leven.

'Daarom, als je treurig bent en de droefheid wil het winnen, zeg dan: vooruit, ik moet voor mijn Heer Christus een lied spelen op het orgel, een Te Deum of een Benedictus, want de Schrift leert me dat Hij graag een vrolijk lied en snarenspel hoort. Grijp maar flink in de toetsen en zing er op los, tot de boze gedachten vergaan, zoals David en Eliza deden. En komt de duivel terug en dompelt je in zorg en duistere gedachten, verweer je dan fris en zeg: weg duivel, ik moet nu mijn Heer Christus spelen en zingen.'

Luther is een gepassioneerd mens. Het kan volgens Luther niet anders of je gaat vanzelf zingen bij het horen van het Evangelie.

'Het evangelie is een Grieks woord en betekent in het Duits: goede boodschap, goed bericht, goed nieuws, goede woorden waarover men zingt, spreekt en vrolijk is.' (Voorrede tot het Septembertestament 1522).

Deze woorden zijn dus al een jaar eerder geschreven voordat Luther zijn eerste lied maakte. Zingen is een (vrolijke) reactie op het Evangelie. Daarnaast is het Evangelie 'nieuws'. Het is wereldnieuws dat dus ook op die manier in de 'publiciteit' mag komen. In dat kader moeten we het lied '*Nun freut euch*' beschouwen.

'Ik wilde, dat we zoveel mogelijk liederen in de volkstaal hadden, die de gemeente bij het Graduale, het Sanctus en het Agnus Dei zou kunnen zingen, we hebben er alleen de dichters niet voor.' (Over de orde van dienst in de gemeente 1523)

Luther uit de wens om te komen tot Duitstalige liederen in de kerk. Tegelijk klinkt er in hetzelfde jaar als hij zijn lied schrijft zijn noodkreet dat er geen dichters zijn. Daarnaast blijkt uit deze woorden dat hij zoekt naar Duitstalige teksten als alternatief voor de Latijnse gezangen die gebruikt worden bij de vaste liturgische onderdelen van de eredienst. Drie jaar eerder was hij al in de 'Babylonische ballingschap' opgekomen voor het houden van de gehele kerkdienst in de volkstaal. In die tussentijd waren dus alleen nog de Bijbellezingen en de preek in het Duits.

'We hebben besloten om naar voorbeeld van de profeten en oude kerkvaders psalmen voor het volk in de landstaal te maken, geestelijke liederen, opdat het Woord van God ook door het zingen onder het volk blijft.' (uit een brief aan Spalatinus, eind 1523)

We weten dat driekwart van de liederen die Luther voor de gemeente schreef is ontstaan in 1523. Uit nood - vanwege het gebrek aan dichters - heeft hij zelf toen de pen ter hand genomen zodat 1523 een zeer vruchtbaar jaar is geworden voor de kerkmuziek. Het begon met het lied over de twee martelaren in Brussel en werd gevolgd door tientallen andere liederen. Overigens is ook bekend welke eisen Luther aan de nieuwe kerkliederen stelde. Het moesten liederen zonder 'ongewone en hoofse uitdrukkingen' zijn en de taal moest 'begrijpelijk' zijn. In de vertaling van de Psalmen moest men 'vrij te werk gaan met behoud van de oude woorden' en eventueel de 'oude woorden door geëigende vervangen.' (Luther aan Spalatinus). Altijd heeft Luther de gemeente op het oog. Men moet de teksten kunnen begrijpen.

3. Gezongen dogmatiek

Kan een dogma tot lied worden?

Voordat ik het lied ga analyseren wil ik aandacht schenken aan het spanningsveld tussen dogma en lied. Er zijn meerdere voorbeelden aan te wijzen van 'dogmatiek op rijm' die een mislukking geworden zijn. Dr. J.T. Bakker noemt het *een 'kwalijke vermenging van kerkruimte en schoollokaal'*.[2] Albert Noordegraaf citeert de theoloog J. H. Gunning (1858-1940): '*in het dogma sluimert het lied.*'[3] Zowel Noordegraaf als Bakker draaien deze zin om: in het lied sluimert het dogma.

'Er valt voor de theoloog-dogmaticus iets veel wezenlijkers te doen: te zoeken naar die momenten waar binnen het kerklied, in de eenheid van woord en melodie dát hoorbaar wordt, waarom het zeker ook in de argumentatieve en discursieve taal van het dogma gaat, maar dat in wezen vóór het dogmatisch denken uitligt; het gaat om dat wat het denken eerst op gang brengt (....) het in één

[2] J.T. Bakker (1983), *Luther in de spiegel van zijn liederen*, Kampen: Kok, 7

[3] Website Wapenveldonline.nl 22-03-2016

adem noemen van Gods naam met de onze, dat bevat op een geheel eigen wijze de oorsprong en kern van wat zich daaromheen en op grond daarvan aan theologische bezinning afspeelt'.[4]

Gezongen dogmatiek is onzingbaar. De melodie dreigt onder de last van de woorden te bezwijken. Pas als dogmatiek door mensen heen is gegaan, levend geloof is geworden dat uitmondt in een lied, dan gaan dogma en lied hand in hand. We zullen zien op welke wijze Luther te werk gaat.

De Kleine Katechismus

Het doel van dit onderzoek is om een gedeelte van de *Kleine Katechismus* te leggen naast de tekst van het lied '*Nun freut euch lieben Christen g'mein'*. Ik heb gekozen voor het tweede hoofdstuk van de *Katechismus (der Glaube)* en daarvan het tweede artikel: van de verlossing. Luther schreef de *Kleine Katechismus* in 1529. Het is één van de drie belijdenisgeschriften die van de hand van Luther zijn. Naast de *Kleine Katechismus* schreef hij ook de *Grosse Katechismus* en de *Schmalkaldische Artikelen*. Op zijn reizen ontdekte hij dat het kerkvolk de inhoud van het christelijk geloof maar fragmentarisch kende. Het doel van zijn *Katechismus* was om mensen die onderricht gaven (dus ook de huisvaders) te leren het geloof door te geven aan anderen.
Eerst heb ik dit geloofsartikel in kleine stukjes verdeeld. De vraag boven dit gedeelte luidt:

Und an Jesus Christus, seinen eingeborenen Sohn, unsern Herrn, empfangen durch den Heiligen Geist, geboren von der Jungfrau Maria, gelitten unter Pontius Pilatus, gekreuzigt, gestorben und begraben, hinabgestiegen in das Reich des Todes, am dritten Tage auferstanden von den Toten, aufgefahren in den Himmel; er sitzt zur Rechten Gottes, des allmächtigen Vaters; von dort wird er kommen, zu richten die Lebenden und die Toten.

Was ist das?

1 Ich glaube,

2 daß Jesus Christus,

3 wahrhaftiger Gott vom Vater in Ewigkeit geboren und auch wahrhaftiger Mensch von der Jungfrau Maria geboren,

4 sei mein Herr,

5 der mich verlornen und verdammten Menschen

6 erlöset hat, erworben, gewonnen von allen Sünden,

---

[4] Bakker, *Luther in de spiegel van zijn liederen*, 7

7 vom Tode

8 und von der Gewalt des Teufels;

9 nicht mit Gold oder Silber, sondern mit seinem heiligen, teuren Blut und mit seinem unschuldigen Leiden und Sterben;

10 damit ich sein eigen sei

11 und in seinem Reich unter ihm lebe und ihm diene

12 in ewiger Gerechtigkeit, Unschuld und Seligkeit

13 gleichwie er ist auferstanden vom Tode, lebet und regieret in Ewigkeit.

Van de cijfers die vet gedrukt zijn ontdek ik overeenkomsten in het lied, dit zijn 11 van de 13 artikelen. De nummers in de bespreking van het lied verwijzen naar deze indeling.

Analyse van de tekst per couplet

1.Nun freut euch, lieben Christen g'mein,
und lasst uns fröhlich springen,
dass wir getrost und all in ein
mit Lust und Liebe singen,
was Gott an uns gewendet hat
und seine süße Wundertat;
gar teu'r hat er's erworben (9).

a. Eerst God dán boete

Allereerst valt op dat het een vreugdelied is. Woorden als 'verheug u', 'vrolijk springen' en 'zingen' vallen op. De oproep om je te verheugen is gericht aan alle christenen samen en beschrijft een ervaring van wat al gebeurd is. God heeft zich naar ons toegewend. Het lied begint opvallend in een meervoud: *uns*. Het zingt van een 'zoete wonderdaad' die God voor ons verricht heeft (voltooide tijd). De laatste zin verwijst naar 1 Petrus 1 : 18: '*U weet immers dat u niet met zoiets vergankelijks als zilver en goud bent vrijgekocht (....)maar met kostbaar bloed van een lam, zonder smet of gebrek, van Christus'*. Door de inzet van dit lied bloeit de theologie van Luther al op: eerst God, dán de boete. Door God leren wij onszelf kennen. Overigens komt het begrip boete in dit lied nauwelijks aan bod. In het volgende couplet zal klinken dat de zonde mij dag en nacht kwelde. Maar uiteindelijk is het de Zoon die alles voor ons doet.

2. Dem Teufel ich gefangen lag (8)
im Tod war ich verloren (7+ 5)

mein Sünd mich quälte Nacht und Tag, (6)
darin ich war geboren.
Ich fiel auch immer tiefer drein,
es war kein Guts am Leben mein, (5)
die Sünd hatt' mich besessen (5).

b. *Het 'ik' in catechismus en lied*

Opeens verandert het 'wij' in het 'ik'. Dat is des te opvallender omdat het 'ik' in de andere liederen van Luther een minder prominente plaats inneemt. De latere liederen (meestal voor gebruik in de eredienst) zijn veel objectiever van toon. Belangrijk is dat zowel in de *Kleine Katechismus* als in dit lied het 'ik' centraal staat. Kenmerkend voor de beantwoording van de vragen in de *Kleine Katechismus* is eveneens het woordje *'ich'*. Deze persoonlijke belijdenis die gevraagd wordt kennen we ook uit de latere Heidelbergse Catechismus. Het gaat niet zozeer om het belijden van de kerk, maar om de persoonlijke geloofsbelijdenis binnen het grote geheel. In de Reformatie krijgt het individu een belangrijke plaats. Zo klinkt het antwoord op een vraag uit een ander deel van de catechismus van Luther als volgt:

Ich glaube, dass Gott mich geschaffen hat samt allen Kreaturen.

Of in het tweede artikel:

Ich glaube, daß Jesus Christus ... sei mein Herr, der mich verlornen und verdammten Menschen erlöset hat ....

In het 'ik' uit het lied ontmoeten we Luther zelf die de worsteling bezingt die hij ondergaan heeft. Maar beter is het in dat 'ik' tegelijk een 'wij' te lezen. Hetzelfde zien we in de Psalmen die vaak de ik-vorm hebben maar waarin de gemeente zichzelf als geheel herkent. En binnen die gemeente weer ieder individu, ieder 'ik' weer zelf. Luther voert de trias '(1) duivel, (2) dood en (3) zonde' ten tonele. Ze worden precies omgekeerd ook genoemd in de Kleine Katechismus : *'Ich gläube, dass Jesus Christus (....) mich verlornen und verdampten Menschen erlöset hat (..) von allen (1) Sunden, vom (2) Tode und der (3). Gewalt des Teufels'*. In het denken van Luther en ook in dit lied speelt de duivel een belangrijke rol. Hij is een van de vier hoofdpersonen uit het lied. 'De zonde waarin ik was geboren'. Hier ontdekken we de leer van de erfzonde. Maar ook de zonde die ik daadwerkelijk zelf doe komen daarbij. De conclusie van deze opsomming luidt: er was en is geen enkel goed in mij. Ook dit couplet staat volop in de voltooide tijd. Niet 'de zonde waarin ik ben geboren' maar waarin ik 'was verloren'. Toch lezen we in dit couplet al dat de zonde 'mij dag en nacht kwelde'. We zien hierin de eerste sporen van de boetvaardigheid.

3. Mein guten Werk, die galten nicht,
es war mit ihn' verdorben;
der frei Will hasste Gotts Gericht,
er war zum Gutn erstorben;
die Angst mich zu verzweifeln trieb,
dass nichts denn Sterben bei mir blieb,
zur Höllen musst ich sinken (5)

c. Niet de paus en niet Erasmus

In deze derde strofe ontmoeten we de grote theologische problematiek van de 16ᵉ eeuw. De strijd tussen Luther, Rome en Erasmus. Kan een mens meewerken aan zijn heil? Luther is duidelijk in dit lied: ook de goede werken zijn *'verdorben'* zoals de mens zelf. Ook aflaten leveren voor Gods niets op. Vervolgens richt hij zich met name tot Erasmus: ook de vrije wil is dood om het goede te doen. De Lutherse hoogleraar Markus Matthias zegt in een interview met het Reformatorisch Dagblad: "Luther heeft al voor zijn reformatorische doorbraak ontdekt dat de mens niet meester is van zijn wil. De mens heeft zijn gedachten en daden niet onder controle. Hij streeft zijn eigen belangen na ook al zegt hij andere, hogere doeleinden te willen bereiken.'[5]

Er ontwikkelt zich vervolgens een climax: *Angst – Sterben – Hölle*. Deze climaxwerking is al begonnen met de woorden *verdorben – erstorben*.

Ook dit couplet leidt naar een concluderende slotregel die, mede omdat het slotwoord op geen enkele ander rijmt, extra aandacht krijgt. De mens kan in geen groter ellende komen: *zur Höllen musst ich sinken*. Het is interessant om alle concluderende slotregels samen te beschouwen.

4. Da jammert Gott in Ewigkeit
mein Elend übermaßen;
er dacht an sein Barmherzigkeit,
er wollt mir helfen lassen;
er wandt zu mir das Vaterherz,
es war bei ihm fürwahr kein Scherz,
er ließ's sein Bestes kosten. (9)

c. Het verdriet van God

[5] Reformatisch Dagblad, 05 – 11- 2010

Het eerste woordje '*Da*' (toen) is opvallend. Op dat moment had God verdriet. '*Gott jammert in Ewigkeit*'. Toen al zag hij 'mijn mateloze ellende' (vertaling Ad den Besten). Voordat er sprake is van het verlossingswerk van de Zoon ziet God de mens al in zijn erbarmelijke bestaan en denkt Hij aan zijn barmhartigheid. Door zijn liefde, zijn '*Vaterherz*' ontstaat de wens om de mens te helpen. Het is niet de toornende God die eist dat er betaald wordt (Heidelbergse Catechismus zondag 5). Het is de liefhebbende God uit Johannes 3 : 16. In dit couplet is dus geen sprake van verzoening, maar van verlossing en bevrijding. Wellicht komt bij de zin '*es war bei ihm fürwahr kein Scherz*' het idee van rijmdwang op. De vraag is of dat zo is. Haast altijd is bij Luther elke zin raak en diep doordacht. Het was diepe ernst van de Vader, Hij gaf het kostbaarste wat Hij bezat, zijn Zoon.

d. De toorn van God

God in de hemel is bewogen met de toestand van de mens. Hij 'jammert' er zelfs over en denkt aan zijn barmhartigheid. Nergens is er in dit lied sprake van de toorn van God. Toch komt dit aspect bij Luther voor. Te denken valt aan een ander lied van zijn hand:

Jesus Christus, unser Heiland,
Der von uns den Gottszorn wandt,
Durch das bitter Leiden sein -
Half er uns aus der Höllen Pein.

Weliswaar is dit lied een vertaling door Luther van een Latijnse tekst waarvan hij meende dat deze van Johannes Hus (1369-1415) was. In deze oorspronkelijke Latijnse tekst is overigens ook geen sprake van de toorn van God. Luther voegt dit aspect toe maar plaats het in de verleden tijd.

Jesus Christus, nostra salus,
quod reclamat omnis malus,
nobis in sui memoriam
dedit in panis hostiam.

Twee zaken moeten hierbij in ogenschouw worden genomen. De functie van dit lied is een lied voor de communie. Ook staat de tekst in een meervoud *'der für uns'*.

Toch is de angst voor de toorn van God en de hel belangrijk geweest in het leven van Luther in de tijd dat hij niet nog tot het bevrijdende inzicht van Gods gerechtigheid was gekomen. Zowel in de *Kleine Katechismus* als in het lied '*Nun freut euch lieben Christen gmein*' noemt Luther niet de toorn van God maar spreekt alleen over zijn erbarmen. Professor Marcus Matthias merkt op dat '*sola gratia*' niet betekent 'dat de (oude) rechtvaardigheid met hulp van de genade vervuld wordt, maar dat je bevrijdt wordt van deze soort van rechtvaardigheid.'[6] De volgorde is dus niet zonde – toorn – straf – genade, maar het is genade zonder enige vorm van beoordeling. Jezus heeft de toorn van God weggenomen zodat deze toorn voor de zondaar niet meer bestaat.

5. Er sprach zu seinem lieben Sohn:
„Die Zeit ist hier zu erbarmen;
fahr hin, meins Herzens werte Kron,
und sei das Heil dem Armen
und hilf ihm aus der Sünden Not,
erwürg für ihn den bittern Tod
und lass ihn mit dir leben (7+ 13)

e. Missio Dei

In het volgende couplet vindt het begin van een gesprek plaats tussen de Vader en de Zoon. De geliefde Zoon krijgt de opdracht het heil voor de armen te worden, hen uit de nood van de zonde te redden en voor hen de bittere dood te wurgen. Het is de *Missio Dei*: het is de Vader die de Zoon zendt en de Zoon die, teruggekeerd tot de Vader, zijn Geest zal zenden (couplet 9). De toevoeging van dit beeld geeft het lied een persoonlijk karakter. De gelovige is het onderwerp van een hemels gesprek. Hij of zij is gezien en God de Vader en God de Zoon hebben intens met hem te doen. Het is een gesprek achter de coulissen van de hemel waaruit blijkt dat God barmhartig en genadig uit zichzelf is.

De vraag is hoe Luther aan dit gesprek tussen de Vader en de Zoon komt. Het komt niet voor in de *Kleine Katechismus*. Is dit een gedachte van Luther zelf of gaat hij verder op een voorreformatorische traditie?

Excurs

Helmut Lauterwasser noemt in zijn bijdrage over het lied in het boekje *Liederkunde zum Evangelischen Gesangbuch* de preek van Bernardus van Clairvaux (1090-1153) over Psalm 85 : 10.[7] Hierin komt het middeleeuwse '*Heilsratschluss'* van God aan de orde. Waarheid en gerechtigheid eisen de dood van de zondige mens. Barmhartigheid en vrede pleiten voor genade. Gods Zoon besluit dat de redding vanuit de dood moet plaats vinden en vervult dit zelf door zijn plaatsvervangende dood en opstanding. In een Duitse versie van de preek ge-

[6] Marcus Matthias *"Man wolt sich nit Lutherisch, sondern Christen heissen" (Maarten Luther, 1522).* De betekenis van de theologie van Luther voor de Protestantse theologie Anno 2016, lezing in Dordrecht, mei 2016

[7] Evang en Seibt, *Liederkunde zum Evangelische Gesangbuch*, 48

naamd '*Erlösung*' gaat aan de gerechtshandeling een gesprek vooraf tussen de Vader en de Zoon.

Luthers bewondering voor Bernardus is groot geweest. Gedurende zijn hele leven is de invloed van Bernardus op Luther aanwezig gebleven getuige het feit dat hij in geschriften en preken Bernardus maar liefst 500 maal aanhaalt, meer dan iemand anders. Toch is er geen bewijs voor te vinden dat Luther in het lied Bernardus citeert. Bovendien is er in het lied in het geheel geen sprake van een rechtszitting.

Wellicht de oudste bron voor dit tweegesprek is de Brief aan Diognetus uit de 2e eeuw. Daarin lezen we: 'En toen hij een groot en onuitsprekelijk plan had bedacht, deelde Hij dat alleen aan zijn Zoon.'[8] Het gegeven dat in dezelfde brief het beeld van de 'vreemde ruil' voorkomt bewijst dat deze brief een grote invloed op Luther heeft. Het is interessant om te ontdekken dat het 'intratrinitarisch' gesprek regelmatig wordt uitgebeeld op Middeleeuwse afbeeldingen.

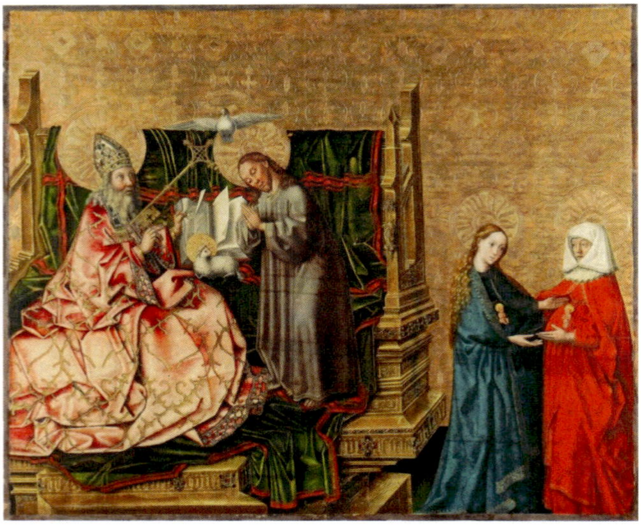

In dit anonieme schilderij '*der Ratschluss Gottes'* uit de tweede helft van de 15 eeuw zien we (links) het gesprek tussen de Vader en de Zoon in de hemel. Aan de rechterzijde vindt een tweede gesprek plaats tussen Maria en haar nicht Elisabeth. Naast de Vader en de Zoon zien we in de vorm van een duif de Heilige Geest.

Hieronder nog een aantal andere voorbeelden waarin een dialoog wordt afgebeeld tussen de Vader en de Zoon. De oudste stamt al uit de 9e eeuw. Het thema van de *Missio Dei* is dus duidelijk voor-reformatorisch.

---

[8] Brief aan Diognetes in: A.F.J. Klijn (1983). *Apostolische Vaders 2*, Kampen: Kok, 106

Fig. 10. — Binité du Psautier. Psautier de Stuttgart, Stuttgart. Württtembergische Landesbibliothek, ms. Bibl. Fol. 23, f. 127v.

In een artikel van François Boespflug en Yolanta Zaluska over het dogma van de triniteit en zijn iconografie van de Karolingische tijd tot aan het vierde concilie van Latran (1215) tonen zij een schets van een afbeelding uit het *Psautier de Stuttgart.* Dit psalmboek stamt uit de jaren 820- 830. Duidelijk is hier al de zendende Vader te zien.[9] In bovenstaande afbeelding ontbreekt de Heilige Geest.

[9] Francois Boespflug et Yolanta Zaluska (1994) , *Le dogme trinitaire et l'essor de son iconographie en Occident de l'époque carolingienne au IVe Concile du Latran,* Cahiers de civilisation médiévale, volume 37, numéro 147, Lyon: Persée, 245

Andere voorbeelden :

La Trinité Psautier du Languedoc 1330 - 1340

Bible historiale Guiard des Moulins 15e eeuw

6. Der Sohn dem Vater g'horsam ward,
er kam zu mir auf Erden
von einer Jungfrau rein und zart (3)
er sollt mein Bruder werden.
Gar heimlich führt er sein Gewalt,
er ging in meiner armen G'stalt (3 wahrhaftiger Mensch)
den Teufel wollt er fangen (8)

f. De verkledingslist

De plaats van handeling verplaatst zich nu naar de aarde. De Zoon is gehoorzaam aan de Vader en wordt geboren uit een maagd. De naam van Maria wordt niet genoemd, ze wordt aangeduid als een '*Jungfrau rein und zart'*. Luther beklemtoont niet zozeer dat de Zoon naar de aarde komt. Hij kwam naar mij. Hij is mijn broeder geworden.

In een preek zegt Luther: '*Diss ist ein Wort vol aller Trostes dass sich Christus eines verzweiffelten Bubens als du und ich sind, annimmt, und heisst uns alle seine Brüder.'*[10]

Een opvallend thema is de 'verkledinglist'. De Nederlandse vertaling geeft het als volgt weer:

Zo nam Hij mijn gedaante aan om Satans eigenwaan te slaan, hem in de val te lokken.

In een preek op Eerste Paasdag 1544 zegt Luther:

'Denn ob wol der Herr Christus sich schwach stellet und thut nit anders, denn als müste er gar zo boden und dem Teuffel weichen, dennoch in solcher schwacheyt ist ein unüberwindliche gewalt verborgen. Das sahe der Teuffel nicht und verlieret all sein Macht drob'[11]

Zoals het geheime gesprek tussen de Vader en de Zoon en het beeld van de vrolijke ruil (zie onder) komt ook het beeld van de verkledinglist voor bij de Apostolische Vaderen. In de brief van Ignatius aan Efeze wordt geschreven: 'De maagdelijkheid van Maria echter en het voortbrengen van Jezus bleef de heerser van de wereld verborgen. Dit geldt ook voor de dood van de Heer: drie uitgeschreeuwde geheimenissen die in de stilte van God werden volbracht.'[12]

7. Er sprach zu mir: „Halt dich an mich,
es soll dir jetzt gelingen;
ich geb mich selber ganz für dich (9)
da will ich für dich ringen;
denn ich bin dein und du bist mein (10)
und wo ich bleib, da sollst du sein, (11)
uns soll der Feind nicht scheiden.

---

[10] Martin Luther, *Des Theuren Mannes Gottes, D. Martin Luthers Sämtliche Theils von ...*, Leipzig: Berlegts Johann Heinrich Zedler, Volume 13

[11] Martin Luther (1544), *Dr. Martin Luthers Hauspostille*, books.google.nl

[12] Brief van Ignatius aan de Epheziërs in: A.F.J. Klijn (1983), *Apostolische Vaders 1*, Kampen: Kok, 85

g. De vrolijke ruil

'Hij sprak tot mij'. Vanaf dit couplet begint de Zoon te spreken en blijft dat doen tot en met het laatste couplet. De Zoon spreekt in de onvoltooid tegenwoordige tijd. Hij zegt niet: ik *heb* mij voor je gegeven. Maar: ik ga het nu voor je doen. De Zoon weet al wat eraan staat te komen: Passie, Pasen, Pinksteren. Het moet allemaal nog gaan gebeuren. De redding zal *nu* plaats vinden. Het eerste wat de Zoon zegt luidt: houd je (vast) aan mij. Het is een aspect dat in de Nederlandse vertaling van Ad den Besten en Jan de Wit verloren is gegaan: Hij sprak tot mij: 'Zie het is nu de kentering der tijden. Ik heb mijn leven veil voor u, Ik zelf zal voor u strijden.' De Zoon neemt mijn plaats in. Ik hoef hem alleen maar vast te houden. We ruilen van plaats. Het is de 'vrolijke ruil' waarover Luther spreekt. In een brief uit 1516 (een jaar voor de 95 stellingen) schrijft hij:

Du, Herr Jesus, bist meine Gerechtigkeit, ich aber bin Deine Suende. Du hast auf Dich genommen, was mein ist, und mir geschenkt, was Dein ist. Du hast auf Dich genommen, was Du nicht warst und mir geschenkt, was ich nicht war.[13]

De woorden uit deze brief herkennen we in dit couplet.

'*Der fröhliche Wechsel'* is een uitdrukking die Luther gebruikt in het boekje '*Von der Freiheit eines Christenmenschen'* geschreven in 1520, dus enkele jaren voordat Luther dit lied dichtte. 'Alles wat van ons is neemt Christus op zich, en alles wat Christus door zijn dood en opstanding verworven heeft, wordt ons bezit. Op onze beurt zullen wij ons net zo voor onze naasten inzetten als Hij het gedaan heeft voor ons en wij zullen 'Christus moeten worden'.[14]

In het 'Abgesang' van dit couplet lezen we de woorden: '*denn ich bin dein und du bist mein, und wo ich bleib, da sollst du sein, uns soll der Feind nicht scheiden.*' De keuze van deze woorden laat zien dat het om een intense liefdesrelatie gaat. Waarschijnlijk citeert Luther hier een oud-Duits liefdeslied (LzEG 49). Het *'ich'* und '*du*' komen samen in de laatste regel van dit couplet, in het woordje '*uns'*.

In '*Von der Freiheit eines Christenmenschen – zum Zwölften'* schrijft Luther: '*Es vereinigt sich die Seele mit Christo wie eine Braut mit ihrem Brautigam. (Daraus) folgt, dass Christus und die Seele ein Leib werden und ... alle Dinge gemeinsam haben. Was Christus hat, das gehört auch der gläubigen Seele; und was die Seele hat, wird Eigentum Christi. Christus hat alle ... Seligkeit -*

---

[13] bron: bibeltv.de 22-03-1016

[14] M. Luther *Von der Freiheit eines Christenmenschen.* De gedachte van de 'Wunderbarer Tausch' was niet nieuw. Voor het eerst wordt daarvan al gesproken bij de Apostolische Vaders. In de Brief aan Diognetus (2^{e} eeuw) staat 'O zoete ruil, o onnaspeurlijk werk, o onvermoede weldaden'. In de vroeg- christelijke liturgie komen de woorden *O admirabile commercium* regelmatig voor. (Bron: Wikipedia *Wunderbarer Tausch* 21-03-2016)

die wird der Seele Eigentum; die Seele hingegen hat alle Untugend und Sünde auf sich, die werden Christi Eigentum.'

De woordkeuze doet denken aan het verhaal van Orpa en Ruth, maar ook aan het Hooglied. Dit laatste Bijbelboek zal in de tijd van het Piëtisme een grote rol gaan spelen. Het begin daarvan zien we al in dit lied van Luther. De gezongen dogmatiek mondt uit in een liefdeslied.

8. **Vergießen wird er mir mein Blut, (9)**
dazu mein Leben rauben;
das leid ich alles dir zugut,
das halt mit festem Glauben.
Den Tod verschlingt das Leben mein,
mein Unschuld trägt die Sünde dein (6 en 9)
da bist du selig worden (12)

In dit couplet wordt een strijd op leven en dood aangekondigd. Het gaat zelfs zo ver dat '*den Tod verschlingt das Leben mein*' . De onschuld van Christus draagt mijn zonde. Van een toekomstige werkwoordsvorm schakelt Luther over naar de tegenwoordige tijd: '*das leid ich alles dir zugut*' om te eindigen met een voltooide tijd: '*da bist du selig worden.*' Het gebruik van meerdere tijdsvormen geven het couplet een sterke dynamiek. Ook nu rijmt de laatste regel niet. Alle licht valt op de zekerheid van het heil.

9. Gen Himmel zu dem Vater mein
fahr ich von diesem Leben;
da will ich sein der Meister dein (4+ 11)
den Geist will ich dir geben,
der dich in Trübnis trösten soll
und lehren mich erkennen wohl
und in der Wahrheit leiten.

Zoals de Vader de Zoon zendt (zie couplet 5) belooft de Zoon nadat Hij ten hemel is gevaren de Geest te geven. De Geest geeft mij troost en zal 'mij' in de waarheid leiden. Ook dit couplet beschrijft wat Christus voor ons doet ook na zijn dood en opstanding. De gave van de Geest is eveneens een geschenk van Hem. Hij die onze broeder werd (couplet 6) zal vanuit de hemel onze '*Meister*' zijn. De '*Meister*' die mij zal leren, leiden en troosten.

10. Was ich getan hab und gelehrt,
das sollst du **tun und lehren,**
damit das Reich Gotts werd gemehrt (11)
zu Lob und seinen Ehren;

und hüt dich vor der Menschen Satz,
davon verdirbt der edle Schatz:
das lass ich dir zur Letze."

Het slotcouplet zingt over de navolging van Christus. Wat Hij gedaan heeft moet ik ook doen en leren en vervolgens doorgeven. Als de mens dat doet wordt het rijk van God uitgebreid tot zijn lof en eer. Het lied eindigt dus met vermaningen en zelfs met een waarschuwing. De 'edele schat' die in dit lied bezongen wordt kan verloren gaan door de waanzin van de mensen. Luther schrijft dit lied een jaar voordat de boerenopstand plaats vindt. In die tijd vindt ook de scheiding plaats met Thomas Müntzer die daadwerkelijk opriep om met geweld in opstand te komen tegen de feodale onderdrukkers. Müntzer wilde het koninkrijk van God met eigen handen, desnoods met het gebruik maken van geweld, op aarde vestigen. Luther zegt in dit lied dat dat rijk wordt uitgebreid als de gelovige doet en leert wat Christus heeft voorgedaan. Wel wordt de gelovige actief ingeschakeld en tegelijk gewaarschuwd voor alles wat van de mens afkomt. Want dat maakt dat de edele schat van het Evangelie bedorven wordt.

4. Het belang van de melodie

Tenslotte wil ik nog ingaan op de melodie die bij dit lied hoort. We weten niet helemaal zeker of Luther ook de componist van de melodie is geweest maar we mogen dit wel vermoeden. Muzikaal als hij was voorzag hij meerdere teksten van een melodie. Daarbij is goed aan te tonen dat Luther altijd de melodie in verband bracht met de tekst. Het is de melodie die de tekst verdiept. Een voorbeeld is het lied *Aus tiefer Noth* (Psalm 130)

Bij het woord '*tiefer*' daalt de melodie plotseling met een kwint. Bij de woorden '*ich zu dir*' richt de melodie zich omhoog.
Als we de melodie van *Nun freut euch lieben Christen g'mein'* vergelijken met de tekst dan vallen meerdere zaken op.

1. Elke regel begint met een ritme kort - lang. Deze ritmiek geeft aan de melodie een grote kracht.
2. De eerste regel bevat opvallende grote kwartsprongen freut-euch-lie-ben. Deze sprongen geven een dansant karakter aan de melodie. Dit correspondeert fraai met de woorden '*lasst uns fröhlich springen.*'
   Ook is het mogelijk om signaalachtige trompettonen te horen in de grote intervallen aan het begin en het einde.
3. Het lied heeft een voor die tijd moderne grote terts toonaard, hetgeen de uitbundigheid versterkt.
4. Na het dansante begin krijgt de melodie een ander karakter met een climax naar de hoogste toon van de melodie: de d van '*seine*' waardoor de regel '*und seine süsse Wundertat*' het hoogtepunt van de melodie wordt.
5. De laatste regel neemt met grote sprongen de dansante beweging weer over.
6. De grondtoon van de melodie is een f. Opvallend vaak komt de melodie terug op deze basis. Het maakt dat de melodie extra krachtig en overtuigend wordt.

Vanuit de keuze van de melodie kunnen we naar het hele lied kijken. Luther kiest bewust een dansante, eigentijdse melodie. Het gevolg is dat het hele geloofsverhaal, de bezongen heilsgeschiedenis een reden is om te springen en te dansen. Het eerste couplet zet daarbij de toon en ook het vervolg van het lied moeten we in dit vreugdelicht zien.

De muzikale pastor

Het lied '*Nun freut euch*' is een gezongen nieuwsbericht. Martin Evang en Ilsabe Seibt merken terecht op dat nieuwsberichten op papier tot de tijd van Luther het gewone volk niet bereikten.[15] De meeste mensen hadden geen toegang tot de berichten die alleen gestuurd werden van hof naar universiteit en van magistraat naar magistraat. Er was nog geen reguliere pers. Het nieuws werd toevalligerwijze gehoord door reizende voorbijgangers. Dat was gesproken maar ook gezongen nieuws. Daar sluit Luther bij aan. In zijn liederen toont hij zich een pastor. Liturgische onderdelen maakt hij door de vertaling van gezangen begrijpelijk en in zijn liederen treft hij de juiste toon om iedereen, oud en jong te laten begrijpen. Voorbeelden zijn het lied *Vom Himmel hoch* en *Dies sind die heilgen zehn Gebot*, liederen waarbij Luther met name ook kinderen en catechisanten op het oog had. Het lied '*Nun freut euch*' richt zich tot allen. Bewust schrijft hij het lied in de ik-vorm waardoor het lied een persoonlijke lading krijgt. Maar het is geen sololied en het lied krijgt een hele andere melodie dan de oorspronkelijke melodie van bijvoorbeeld *Ein feste Burg ist unser Gott,* die duidelijk voor een solostem gedacht is. De andere liederen van Luther zijn op de gemeenschap gericht. Zingen doe je samen en al zingend vorm je samen de gemeente. Soms baseert de componist Luther zich op het Gregoriaans maar hij durft teksten ook een voor die tijd eigentijdse melodie te geven die niet moeilijk is zodat iedereen kan meedoen.

5. *Conclusie*

Concluderend kan worden vastgesteld dat dit lied een gezongen catechismusdeel is. Van de indeling in dertien delen die ik aan het begin maakte is maar één aspect niet letterlijk verwoord: dat is de naam Jezus Christus. Deze naam komt in het gehele lied niet voor. Anderzijds voegt Luther elementen toe aan dit lied die niet in de tekst van de catechismus staan. Het meest opvallende daarbij is de dialoog. De hemelse interactie tussen de Vader en de Zoon, en het persoonlijke verhaal van de Zoon tot de mens. Het hemelse gesprek geeft een inkijkje in het hart van de Vader en de Zoon. De Vader die de ellende van de mens niet kan aanzien. De Vader die denkt aan zijn barmhartigheid en uit liefde zijn Zoon schenkt. De Zoon die de mens oproept Hem vast te houden, de Zoon die aanbiedt alles voor Hem te doen, die een wonderlijke ruil wil maken. De Zoon die de mens zijn liefde verklaart: ik ben van jou en jij bent van mij. Deze gespreksvorm, die in de dogmatische context van de catechismus ontbreekt, is een pastorale toevoeging aan de catechismus. Het is juist deze vorm die uitmondt in een lied. Op deze wijze wordt dogmatiek tot doxologie. Zo wordt leerstelligheid tot

[15] Evang und Seibt, *Liederkunde zum Evangelischen Gesangbuch,* 51

lied, geloofsleer tot geloofslied. De dialoog tussen de Vader en de Zoon en de toepassing daarvan in theologie en diverse kunstvormen is een uitdaging voor nader onderzoek. In die zin vormt dit artikel slechts een aanzet.

Zoals in het begin is opgemerkt komt dit lied in vertaalde vorm wel voor in het *Liedboek van de kerken* (1973) maar is dit lied in het Liedboek *Zingen en bidden in huis en kerk* (2013) niet meer opgenomen. Ik betreur dat. Het niet meer opnemen van dit lied zegt in feite dat het lied ooit zijn functie had, maar vandaag niet meer. Maar waarom wordt dan wel het complete Geneefse psalter opgenomen waarvan de meeste liederen zelden of nooit gezongen worden? Het liedboek van de kerken moet een schatkamer zijn van liederen uit heden én verleden. Niet elk sieraad uit die voorraadkamer hoeft er regelmatig uitgehaald te worden. Bovendien kunnen tijden veranderen en eerder weinig gezongen liederen onverwacht een belangrijke functie krijgen.

Helmut Lautenwasser schrijft '*Das Lied kann heute kaum ohne erklärende Rahmung gesungen werden.'*[16] Vandaag vraagt de gemeente om andere liederen waarin met eigentijdse woorden en nieuwe beelden het geloof wordt vertolkt. Opvallend is dat het persoonlijke element, het 'ik' in nieuwe liederen een belangrijke plaats blijft innemen, hoewel de geloofsvragen vandaag andere zijn. Toch herkennen mensen in oude liederen, zoals de psalmen, hun geloofservaringen van nu. Soms vraagt dat uitleg maar het is voor een gemeente verrijkend als men al zingend de band met de 'kerk van alle eeuwen' kan vasthouden ook al is onze geloofsbeleving anders dan in de tijd van Luther. De dansante vreugde in de melodie van het lied doet ontdekken dat niet alleen de gospelmuziek van nu kan swingen. De bedoeling van Luther in dit lied is de vreugde te uiten over de liefdevolle God die zichzelf geeft om mij te bevrijden uit de ellende. Delen van het lied kunnen gebruikt worden om zingend uiting te geven aan het Kyrie en Gloria en de diverse feestdagen van Kerst tot en met Pinksteren. Het probleem is wel dat het lied een doorlopend verhaal is waarvan elke couplet verder gaat in het volgende. Maar als bij een herdenking van de reformatie dit lied klinkt ervaren de mensen verrassend wat de kern van de reformatie was. Geen ander lied verwoordt de ontdekking van Luther zo goed als dit lied. Het behoort tot de hoogtepunten van de liedtraditie van de protestantse kerk en verdient ook vandaag nog een plaats in een kerkelijke liedboek.

Gebruikte literatuur

- [Meerdere schrijvers] (1978), *Een compendium van achtergrond-in formatie bij de 491 gezangen uit het Liedboek voor de kerken*, Amsterdam: Prof. Dr. G. van der Leeuw-stichting.
- Martin Evang und Ilselbe Seibt (2014), *Liederkunde zum Evangelischen Gesangbuch* Göttingen: Vandenhoeck &Ruprecht.

[16] Evang und Seibt, *Liederkunde zum Evangelischen Gesangbuch*, 51

- E. Hirsch (1937), *Hilfsbuch zum Studium der Dogmatik,* Berlin/ Leipzig: Walter de Grunter & Co.
- J.T. Bakker(1983), *Luther in de spiegel van zijn liederen,* Kampen: Kok.
- A.F.J. Klijn (1981), Apostolische Vaders 1, Kampen: Kok.
- A.F. J. Klijn (1983), Apostolische Vaders 2, Kampen: Kok.
- Francois Boespflug et Yolanta Zaluska (1994), *Le dogme trinitaire et l'essor de son iconographie en Occident de l'époque carolingienne au IVe Concile du Latran,* Cahiers de civilisation médiévale, volume 37, numéro 147, Lyon: Persée.
- Website ELD *Kleiner Katechismus Luther* 22 maart 2016

Heye Heyen

Luthers onderscheiding van wet en evangelie en de relevantie daarvan voor de praktische theologie

0. Inleiding

'Wie het evangelie en de wet goed weet te onderscheiden, die moet God danken en mag weten dat hij een theoloog is.' Aldus Maarten Luther[1]. Er is dus sprake van een 'kunst' waarvan de beheersing volgens Luther allesbehalve eenvoudig is.

'Geen mens leeft op aarde die het evangelie en de wet goed weet te onderscheiden.' ... 'Het is makkelijk gezegd dat de wet een ander woord en een andere leer is dan het evangelie; maar om het in de praktijk te onderscheiden en de kunst te realiseren, is moeite en arbeid'.[2]

Maar wat bedoelt Luther met de termen 'wet' en 'evangelie'? En wat betekent in dit verband 'onderscheiding'? Ik zal in dit artikel in een eerste stap de betekenis en de strekking van deze termen uitleggen. Vervolgens zal ik aantonen waarin vandaag de dag de relevantie daarvan voor twee handelingsvelden van de praktische theologie kan liggen.

1. De termen

a. 'Wet' en 'evangelie'

Met de termen 'wet' en 'evangelie' wordt inhoudelijk hetzelfde bedoeld als met de termen 'imperatief' en 'indicatief' die Rudolf Bultmann op grond van een Paulusstudie[3] in het theologisch taalgebruik heeft geïntroduceerd. Het gaat hierbij om twee duidelijk van elkaar te onderscheiden aspecten van wat 'Gods woord' wordt genoemd. Daarbij valt niet te denken aan een statische grootheid (zoals bijv. de Bijbel of het Oude of Nieuwe Testament). Veeleer wordt 'Gods woord' hierbij opgevat als een *dynamisch* gebeuren: een bepaalde mens wordt in een bepaalde situatie *aangesproken.*

Het *ene* aspect van het (op deze manier ingevulde) 'Woord van God' ligt in het feit dat de mens wordt geraakt door een *onvoorwaardelijke eis* ('wet', 'imperatief'). Die eis kan bijvoorbeeld luiden: 'Gij zult de Here, uw God, liefhebben en uw naaste als uzelf'.

---

[1] WA 40,I,207; vertaling: H.H.
[2] WA TR 1234; vertaling: H.H.
[3] R. Bultmann, Das Problem der Ethik bei Paulus, in: Zeitschrift für Neutestamentliche Wissenschaft 23 (1926) 123-140.

Door een dergelijke eis wordt de mens tegelijk geconfronteerd met het feit dat hij die eis hier en nu nodig heeft. In theologische termen gesproken: Deze eis maakt tegelijk zijn zonde kenbaar en voelbaar. Dat werd in de oudprotestantse orthodoxie de 'schuld bewijzende' functie ('usus elenchticus') van de wet genoemd.

Het andere aspect van het 'Woord van God' is dat het aan de mens iets *toezegt*, dat het zonder enige voorwaarde hem iets *geeft*. Het kan bijvoorbeeld tegen hem zeggen: 'Je bent - zoals je bent - door God geliefd'. Dat is wat de termen 'indicatief' of 'evangelie' willen zeggen.

b. De onderscheiding

De 'onderscheiding' van deze twee aspecten van het 'Woord van God' doelt erop dat ze niet met elkaar 'vermengd' worden. Ze mogen niet 'conditioneel verstrengeld' worden. Dat betekent dat het *ene* aspect tot een voorwaarde van het ander gemaakt zou worden.

Om te laten zien wat hiermee wordt bedoeld, geef ik het volgende voorbeeld:

Een kind ontvangt van zijn ouders met of zonder woorden de 'boodschap': 'We hebben je lief. We zijn blij dat we je hebben'. Dat staat in dit voorbeeld voor de 'indicatief' resp. het 'evangelie'. Daarnaast ontvangt het kind ook - met of zonder woorden - eisen zoals bijv.: 'Ga nu direct naar bed!' of 'Wacht totdat het verkeerslicht groen is!' Deze eisen staan hier voor de 'imperatief' resp. voor de 'wet'.

Hierbij is van cruciaal belang dat het kind beide boodschappen los van elkaar ontvangt en ze niet causaal met elkaar verstrengeld. Als het kind zou denken: 'Mijn ouders hebben mij lief omdat ik direct naar bed ga en omdat ik wacht totdat het verkeerslicht groen is' of 'Als ik niet direct naar bed zou gaan, zouden ze me niet meer liefhebben', zou het geen van beide boodschappen goed begrijpen. De liefde van de ouders zou dan haar karakter als een onvoorwaardelijk cadeau (en daarmee ook haar betrouwbaarheid) kwijtraken en uiteindelijk geperverteerd worden tot een beloning voor braaf gedrag. En het gehoorzamen aan de eis zou niet meer als op zichzelf zinvol worden ervaren, maar zou worden geperverteerd tot een middel om de liefde van de ouders te kopen.

Wanneer op deze wijze wet en evangelie met elkaar conditioneel worden verstrengeld, noemt Manfred Josuttis[4] dat 'wetticisme' ('Gesetzlichkeit').

[4] M. Josuttis, Gesetz und Evangelium in der Predigtarbeit, Gütersloh 1995

2. *De praktisch-theologische relevantie*

2.1. *Relevantie voor de homiletiek*

Van een 'wetticistische vervalsing van het *evangelie*' is er volgens Josuttis sprake wanneer een prediker bijvoorbeeld zegt: 'Wanneer wij Jezus als onze Heer aanvaarden, zal hij altijd met ons zijn.' De (onvoorwaardelijke) belofte 'Zie, ik ben met u alle dagen' verliest dan haar betekenis, want ze wordt afhankelijk gemaakt van de voorwaarde die de prediker gesteld heeft: 'Jezus als Heer aanvaarden.'

Hetzelfde gebeurt in de volgende zinnen:

'Als we echt in God geloven, zal onze angst in een diep vertrouwen gaan veranderen' - 'Als je een echte keuze voor Jezus maakt, zul je een nooit gekende blijdschap ervaren.' - 'Als je bidt, zul je Gods troost ervaren.' - Als we die uitnodiging van Jezus volgen, zal ons leven veranderen'.

Dergelijke zinnen worden vaak op de preekstoel gezegd. Het zijn zinnen waarmee de prediker zijn hoorders wil bemoedigen om een (verdere) stap in het geloof te nemen. En waarmee hij een verband probeert te leggen tussen de heilsboodschap die hij verkondigt en de ervaringswereld van zijn hoorders. Het heil is relevant, ook voor wat mensen ondervinden. Dat wil de prediker door middel van zulke zinnen graag overbrengen.

Maar wat hij daadwerkelijk overbrengt, is soms een heel andere boodschap. Misschien zelfs het tegendeel van wat hij bedoelt. Dat heb ik vooral geleerd toen ik als pastor in een psychiatrisch ziekenhuis werkte. Toen heb ik geprobeerd om bijvoorbeeld met de oren van een zwaar depressieve mevrouw te luisteren naar een zin zoals 'Als je een echte keuze voor Jezus maakt, zul je een nooit gekende blijdschap ervaren.' Op grond van een stoornis in haar hersenstofwisseling is deze mevrouw tegenwoordig gewoonweg niet in staat om ook maar een klein beetje blijdschap te voelen. Dat is op zichzelf al naar genoeg. Maar zo'n zin uit een preek voegt daar nog iets aan toe en maakt het nog veel erger. Want zij hoort daarin de duiding: 'Als je geen blijdschap ervaart heb je dus geen echte keuze voor Jezus gemaakt' En misschien dwingt haar dat zelfs tot de conclusie: 'Als ik geen keuze voor Jezus gemaakt heb, zal hij dus ook niet voor mij kiezen, dus ben ik (eeuwig) verloren.'

Of denk aan een oudere meneer die - zonder dat er sprake is van een psychische ziekte - al van jongs af aan heel vaak en heel snel bang wordt. Hij schaamt zich daarvoor en hoort nu de boodschap: 'Wanneer we echt in God geloven…' Dus: 'Volgens de prediker geloof ik niet echt in God, want anders zou mijn angst allang in een diep vertrouwen veranderd zijn.'

Of het echtpaar dat al zo lang uitkijkt naar een verandering van hum moeilijke levenssituatie en daar ook hun best voor doet. Zij horen hier de boodschap: 'Als je de uitnodiging van Jezus volgt, zal het gebeuren.' En ze zullen zich afvragen: 'Hebben we dat dus niet gedaan, dan?'

Het probleem in al deze voorbeelden is dat de prediker onbedoeld in feite zegt: ‘Het is je eigen schuld of je eigen ongeloof, dat je in de ellende zit’ En niet bijvoorbeeld: ‘Er is een zware last op je schouders gelegd. Maar je mag weten: Christus draagt eraan mee. Ook al merk je daar (soms) niets van.’

Van een ‘wetticistische vervalsing van de *wet*’ (Josuttis) is er sprake wanneer de prediker bijvoorbeeld zegt: ‘“Ik ken u niet“, deze woorden van de rechter tijdens het Laatste Oordeel zouden ook voor ons kunnen gelden als we onze koffie in de supermarkt blijven kopen en niet in de wereldwinkel en zodoende eraan bijdragen dat onze minste broeder in Brazilië niet krijgt waar hij recht op heeft.’ De onvoorwaardelijke eis van de Bijbelse imperatief wordt daarmee geperverteerd tot een oproep tot welvoegelijk gedrag die opgevolgd kan worden zonder dat het pijn doet. En bovendien wordt er indirect gezegd dat de hoorder op grond daarvan aan de rechterhand van de rechter zou komen te staan, dat hij dus bij de ’schapen’ en niet bij de ’bokken’ zou horen.

Wat kan een prediker doen om de impuls van Luther, om wet en evangelie goed te onderscheiden, toe te passen op de prediking? Wat kan hij doen om te voorkomen dat hij in feite de verantwoordelijkheid voor de ellende bij de hoorder neerlegt? Hij kan in zijn preekmanuscript nog eens kritisch gaan kijken naar alle zinnen die met ‘als’ of ‘wanneer’ beginnen. En hij kan proberen om eens naar die zinnen te luisteren met de oren van iemand die een last moet dragen die hij niet zelf gezocht heeft en die hij niet zomaar kan veranderen.

En de prediker kan oefenen om het heil van God ‘onvoorwaardelijk‘ neer te zetten. Dus niet: ’God wil je graag iets schenken, als jij…‘, maar: ‘God schenkt…’ of ‘God belooft…’ En los daarvan, dus niet als ’voorwaarde voor het heil‘, kan de prediker een oproep doen, bijvoorbeeld om in God te geloven of Jezus te volgen.

2.2. Relevantie voor het pastoraat

Een gevangenispastor vertelde in een groep van collega’s het volgende: ‘Onlangs had ik een gesprek met een 60jarige gedetineerde die na een aanzienlijke criminele carrière de afgelopen jaren had ingezeten i.v.m. drugshandel. Hij zij: Tegen u kan ik het zeggen, dominee: als ik ontslagen ben, ga ik weer dealen. Een andere kans heb ik niet.‘

De pastor vroeg zich af: wat is hier nu mijn taak? En hij legde die vraag voor aan de groep. Het eerste antwoord uit de groep luidde: Aanvaardend pastoraat!

Dat was een duidelijke verwijzing naar de Europese vorm van de Amerikaanse Pastoral Counseling Movement zoals die vanaf rond 1970 met name in Nederland en in Duitsland is gerecipieerd en in de eigen context is geïmplementeerd. Sindsdien is er in Nederland sprake van ‘therapeutisch pastoraat’ en in

Duitsland van 'aanvaardend pastoraat'. De centrale theologische gedachte is hierbij de 'rechtvaardiging door het geloof alleen, zonder de werken der wet', ofwel met de woorden van Paul Tillich: 'Wij zijn door God aanvaard hoewel wij volgens de criteria van de wet onaanvaardbaar zijn. Wij zijn geroepen om te aanvaarden dat wij aanvaard zijn.'[5] Het belangrijkste is dus voor de pastor om de pastorant onvoorwaardelijk te aanvaarden - zoals die nou eenmaal is: ook met zijn twijfel, zijn ongeloof of zijn immorele levenswijze. De bedoeling is dat de pastorant in het contact met de pastor de ervaring mag opdoen: ik word aanvaard - door de pastor en (ook al komt dat misschien niet expliciet ter sprake) door Hem in wiens naam de pastor naar mij luistert en met me spreekt.

Maar wat betekent dat concreet in het contact met deze gedetineerde? Enkele collega's redeneerden ongeveer als volgt: Die man is veroordeeld door de rechter, hij wordt veroordeeld door de maatschappij, hij heeft waarschijnlijk écht geen andere kans - dus kun je dat niet gewoon aanvaarden? Zijn wij niet - buiten de criminele wereld - de enigen bij wie hij nog op begrip en aanvaarding mag rekenen?

Een andere collega zei: Ik gun hem dat aanvaard-zijn van harte. Maar: we hebben het hier niet over een eierdief, maar over een drugsdealer. Die man gaat weer drugs verkopen aan jonge mensen. Wat als hij ze aan jouw kinderen verkoopt? Hij maakt slachtoffers: mensen die verslaafd raken en dat levenslang zullen blijven - met alle desastreuze gevolgen van dien. Dus: daar moet je hem keihard met z'n neus op duwen. Je moet dus in dit geval duidelijk de partij kiezen van de instanties die hem veroordelen - omwille van de slachtoffers.

Binnen de groep vond een splitsing plaats: ongeveer de *ene* helft pleitte met nadruk voor het aanvaarden en ongeveer de andere helft voor het veroordelen.

In termen van wet en evangelie: volgens de *ene* helft moest de pastor in dit geval het evangelie overbrengen, volgens de andere helft de wet.

In de discussie bleek een duidelijke 'wetticistische' tendens aanwezig te zijn: De boodschap van de ultieme aanvaarding (evangelie) werd niet 'onvoorwaardelijk' neergezet, maar 'op voorwaarde van': een eierdief kun je best wel aanvaarden, een autodief misschien ook nog, maar een drugsdealer (volgens sommigen) definitief niet meer. Dat betekent: 'aanvaarden omdat het *zo* erg niet is' resp. 'veroordelen omdat het *te* erg is'. Ofwel in traditionele theologische termen: 'rechtvaardiging op grond van de werken der wet'.

Hoe kan de pastor in het gesprek met deze gedetineerde het evangelie *zo* overbrengen dat de pastorant daadwerkelijk een *onvoorwaardelijke* aanvaarding ervaart? In ieder geval zal de pastor hiervoor moeten afzien van het expliciet of impliciet noemen van voorwaarden waarop die aanvaarding gebeurt. Dus: niet 'omdat het *zo* erg niet is', maar geheel los van hoe erg het wel of niet is. Het belangrijkste hierbij is de *attitude* waarmee de pastor de pastorant bejegent. Idealiter ervaart de pastorant hierin: Wat ik ook ga doen, door de pastor (en

[5] P. Tillich, *Systematische Theologie Bd. III*, Stuttgart, Evangelisches Verlagswerk, 1966, 258.

uiteindelijk door de God namens wie hij spreekt) ben ik als mens aanvaard en gewaardeerd.

Moeilijker nog dan op deze wijze aan het 'evangelie' recht te doen, kan het voor de pastor zijn om tegelijk - en los daarvan - ook de 'wet' op een onvoorwaardelijke manier over te brengen.

Dat kan waarschijnlijk nauwelijks anders dan door het dilemma te benoemen zonder het met of zonder woorden op te lossen. De pastor kan bijvoorbeeld zeggen: 'Voor u lijkt het moeilijk om niet weer te gaan dealen. Dat begrijp ik. En ik ben blij dat u daar tegenover mij ook open over spreekt. U mag weten dat ik u daar ook niet om zal veroordelen.

Tegelijk wil ik niet verzwijgen dat ik ook aan mijn kinderen en andere jonge mensen moet denken. Voor hen hoop ik natuurlijk van harte dat ze nooit met drugs in aanraking zullen komen. Niet door andere dealers en ook niet door u…'

Wanneer de 'aanvaardende' boodschap de pastorant daadwerkelijk heeft bereikt, is de kans groot dat ook de 'vermanende' boodschap ('de slachtoffers beschermen') hem zó kan bereiken dat daardoor de aanvaardende boodschap niet direct weer wordt ingetrokken resp. tenietgedaan.

Luthers onderscheiding van wet en evangelie kan op deze manier doorwerken als een constructieve bijdrage aan de discussie van de justitiepastores over de taak van de pastor.

Léonard Rwanyindo

L'occupation coloniale de l'Afrique et l'école des missions chrétiennes. Moyen d'occupation durable et d'évangélisation

La présence occidentale en Afrique

En visitant l'histoire de l'Afrique d'hier et d'aujourd'hui, nous nous rendrons compte que l'Angleterre, l'Allemagne, la Belgique, la France et le Portugal sont les principaux pays occidentaux à occuper la terre africaine. Ils domineront le continent noir avec des compromis de non agression jusqu'à la fin de la première grande guerre de 1914-1918. Celle-ci signera la perte des territoires qui étaient allemands qui passeront sous l'administration des autres pays selon le traité de Versailles.

Il faut se rendre compte du rôle très important joué par le mouvement des géographes dans cette course à l'occupation des terres africaines par les Occidentaux. Il suffit de lire les écrits historiques pour s'en rendre compte. Donnons l'exemple de la France : les gens étaient partagés entre y aller ou non. Les défenseurs de ne pas y aller donnaient la priorité à la politique socioéconomique intérieure de leur pays.

Dans cette installation sur le continent, l'intervention de la marine et des géographes sera déterminante dans les débats qui agitaient les Français. Comme nous relate Henri Wesseling :

"La marine, le foyer de patriotisme et gardienne de la tradition anti-anglaise, souligna la vocation ultramarine de la France. Les géographes quant à eux, élaborèrent une doctrine coloniale. La marine et les géographes propageaient l'idée que la France devait participer à la grande aventure d'outre-mer."[1]

Ce qui semble être étonnant, mais un peu compréhensible dans cette course à la colonisation, est l'attitude des hommes d'affaires. Contrairement à ce que nous pouvons penser ou imaginer, ils se sont montrés les moins intéressés du moins tout au début de cette entreprise. Cette réticence n'est pas uniquement française. Nous la rencontrons chez Bismarck, le chancelier allemand. Elle n'est pas le fruit du hasard mais liée aux soucis économiques internes. Dans les débats très vifs en Allemagne, Bismarck ne cachait pas sa position opposée à celle des géographes et des commerçants. Il déclarait :

"Je ne suis pas colonialiste dans l'âme. Les colonies avait-il déclaré en 1871, seraient pour nous, Allemands, semblables aux manteaux de zibeline doublés de

---

[1] WELLELING, H., Le partage de l'Afrique, 1880-1914, Editions Denoël, 1991, p. 34.

soie des nobles polonais, qui n'ont pas de chemise pour porter dessous. Nous ne sommes pas encore assez riches pour nous permettre le luxe de posséder des colonies."[2]

Cette comparaison avait une signification symbolique : Tout comme les nobles polonais étaient dépourvus de chemises, le chancelier estimait que l'Allemagne n'avait pas d'infrastructures adaptées à cette aventure.

L'argument de taille avancé par les opposants au projet de la colonisation était que les colonies allaient coûter de l'argent à l'empire car il fallait les gérer, les administrer et les défendre.[3]

Si certains pays se sont montrés réticents et réservés à se lancer dans la colonisation dans ses débuts, le Congrès de Berlin de 1884-1885 démontre que le phénomène de conquête coloniale finira par s'imposer. Notons que les raisons économiques de ne pas dépenser de l'argent ont fini par être dépassées après avoir pesé ce que les terres coloniales allaient rapporter. Il est intéressant d'étudier le poids des pertes et des gains sur la même balance.

L'opposition vive

L'étude des débuts de la colonisation de l'Afrique révèle que les Africains ont manifesté une vive opposition à l'arrivée occidentale sur leurs terres. Ils ont défendu leurs us, coutumes et religions. La suite nous apprendra que les armes étaient inégales dans leur lutte contre ceux qu'ils considéraient comme les envahisseurs. Les exemples de cette opposition sont nombreux. Ne pouvant pas les citer tous, nous ne pouvons que donner quelques exemples. Nous parlerons de l'occupation du Sud-Ouest africain, (Namibie actuelle) et du Rwanda par l'empire allemand et ensuite par la Belgique pour ce dernier et du Congo par cette dernière. Nous donnerons aussi l'exemple de l'Egypte par les Anglais et de la Tunisie par la France. Lors du Congrès de Berlin, l'Allemagne a obtenu le contrôle du Sud-Ouest africain et des territoires de l'Est africain à savoir

Tanganyika, Burundi, Rwanda, Cameroun et le Togo.

Au Rwanda, un petit pays en Afrique centrale, les autorités allemandes décident d'installer l'administration indirecte c'est-à-dire laisser une partie de l'administration du pays à l'autorité locale indigène parce qu'ils avaient apprécié l'organisation administrative. Ils ont été impressionnés qu'ils disaient avoir découvert un pays gouverné par les blancs à peau noire. Ils ont décidé de **se réserver la souveraineté suprême notamment le pouvoir militaire et la police.**

---

[2] Ibid, p. 212.

[3] Ibid, pp 212-213.

L'opposition acharnée du roi et de ses proches s'est manifestée envers les missionnaires considérés d'usurpateurs. Dans la mentalité traditionnelle rwandaise, toute autorité vient de Dieu connu sous le nom d'Imana. Celui-ci est considéré comme le protecteur du pays et du roi. L'adage rwandais dit que l'Imana passe la journée ailleurs et rentre au Rwanda chaque soir. Cette protection est d'une signification singulière et importante parce que la nuit est considérée comme le moment de tout danger.

Musinga, le monarque rwandais en place lors de l'arrivée des Allemands, était hostile à l'apparition des missionnaires aussi bien catholiques que protestants. Il était convaincu que cette présence étrangère était dangereuse pour son pays et pour son trône. Son opposition contre l'introduction sur son territoire d'un autre culte à Dieu lui coûtera très cher. Il perdra son trône lors de l'administration belge qui a hérité le Rwanda après la défaite allemande de 1914-1918. Humiliés, les Allemands ont été obligés de quitter l'Afrique sans espoir de retour. Quand les missions catholiques exigeaient l'adhésion de Musinga à leur religion qui signifiait aussi l'adhésion de toute sa population, il a opposé une résistance farouche. Il n'a craint ni pour sa personne ni pour la perte de son trône. Il sera détrôné en 1930-1931 et déporté à l'Ouest du Rwanda dans la préfecture de Cyangugu à la proximité du Congo belge. Il finira sa vie au Congo où il a été déporté en 1946 parce qu'il ne cachait son espérance au retour des Allemands dans son pays qu'il a continué à rêver sans cesse. Son péché capital selon Mgr Classe, vicaire épiscopal, est qu'il freiné la conversion de sa population au catholicisme. Nous verrons comment l'école de la mission catholique a bénéficié de cette décision humiliante par la formation des autorités qui lui seront favorables et lui permettront d'asseoir son autorité sur tout le pays qui sera consacré au Christ Roi en 1946 par Mutara Rudahingwa, le successeur de Musinga préparé et baptisé par Mgr Classe.

La conquête de l'Afrique

La conquête du continent noir s'est faite d'abord dans l'esprit parfois de négociations par les commerçants et par l'implantation des drapeaux occidentaux dans des zones considérées de libres. Une autre possibilité d'occupation a été celle d'acheter des terres aux rois indigènes et d'y dresser le drapeau (symbole de l'occupation). Le chef indigène acceptait cette présence à conditions de lui garantir la protection de son territoire contre toute agression aussi bien interne qu'externe. Comme partout dans le monde à cette époque, les pays s'agressaient facilement et constamment pour des raisons de prestiges hégémoniques.

Le projet d'occupation du Sud-Ouest africain par l'Allemagne a été d'abord l'affaire des commerçants qui devaient négocier avec les Africains la terre à occuper. Quand les négociations rencontrées les obstacles, on faisait recours à la force. En 1884, des bâtiments de guerre plantent les drapeaux allemands sur toute la côte. Dans le système de l'Allemagne de Bismarck, il s'agissait d'occuper le pays par les contrats de traité par les chefs indigènes. Ingolf Diener écrit :

"*La conclusion même de ces traités était bien plus importante que leur contenu, réduit aux points principaux suivants : - Le chef s'engageait :*

a) à ne pas conclure de traités avec d'autres nations, ni à céder de terre à d'autres nations ou à leurs ressortissants, sans l'accord du gouvernement allemand;

b) à protéger la vie et la propriété des ressortissants allemands;

c) à autoriser ceux-ci à commercer sans entrave sur tout son territoire;

d) à transférer son pouvoir de juridiction aux autorités allemandes si l'intéressé était Européen. En contre partie, le gouvernement allemand promettait au chef et à la tribu sa protection, c'est-à-dire s'engageait à reconnaître et à faire respecter le pouvoir juridique du chef sur ses sujets, et à veiller à ce que les Européens respectent les us et coutumes du pays."[4]

Les Allemands voyaient dans cet engagement de l'Etat allemand leur protection militaire contre les indigènes récalcitrants. Pendant ce moment, le commerce prospérait et les gens perdaient leur droit de s'opposer à l'autoritarisme d'un pouvoir fort.

Les deux pays dont nous venons de parler ne sont pas un cas isolé dans ce processus d'occupation de l'Afrique par les puissances occidentales. Derrière tous ces pourparlers, nous y trouvons l'envie de commerce occultée par l'idée de protection. L'occupation par tous les moyens y compris celui de l'usage des armes à feu faisait partie de l'agenda. Nous pouvons citer le cas de l'occupation de l'Egypte par l'Angleterre. Henri Wesseling raconte :

"*L'Angleterre s'y était établie en recourant à la force. Elle désirait quitter le pays dès que la situation le permettrait, mais la situation ne le permit jamais parce que l'Etat égyptien miné par les interventions étrangères et écrasé sous le poids des emprunts qu'il avait contractés, n'était plus en mesure d'assurer lui-même son redressement. Par conséquent, l'Angleterre resterait en Egypte et elle serait inévitablement impliquée au Soudan, qui était une colonie de l'Egypte.*"[5]

Le gouvernement anglais sera aussi impliqué dans la guerre de conquête du Soudan sans parvenir à la victoire. La puissance des armes à feu a fini par signifier aux Africains sans oublier d'autres colonisés qu'ils n'avaient pas d'autres choix que de se taire et se soumettre. L'Afrique devenait un instrument politique d'apaiser les rivalités entre les puissances occidentales en conflit hégémonique sur le sol européen. Nous pouvons donner l'exemple de la guerre entre la France et l'Allemagne pour l'Alsace-Lorraine qui se répercute sur l'occupation de la Tunisie par les Français :

[4] DIENER.,·I., Namibie. Une histoire, un devenir, Editions Karthala, Paris, 2000, P. 78.
[5] Wisseling. H., op.cit, p. 108.

"Après le Congrès de Berlin, l'Angleterre, qui avait hérité Chypre, devait offrir à la France ce quelque chose en échange. Ce fut la Tunisie. Bismarck était d'accord. C'est ainsi que la France et non l'Italie, obtint le protectorat sur la Tunisie."[6]

Autre cas très intéressant dans cette course occidentale pour l'occupation du continent noir est le Congo. Celui-ci fut d'abord la propriété privée du roi Léopold II connu sous le nom de l'Etat indépendant du Congo (EIC). Ayant commencé son entreprise à l'aide des explorateurs à la recherche de la source de Nil, Léopold II obtint la reconnaissance internationale comme le roi souverain du Congo lors de la conférence de Berlin de 1884-1885. L'EIC sera pendant longtemps le théâtre des atrocités contre les Congolais. Le débat sur l'histoire des mains coupées a longtemps préoccupé et divisé le monde. Aujourd'hui certains vont jusqu'à parler de génocide là où les autres voient des dérapages des représentants du roi qu'il ne pouvait pas contrôler à cause de la distance entre la Belgique et l'Afrique centrale.

Dans cette tension et course à l'occupation, il faut examiner la place des Sociétés missionnaires dans leur envie de prêcher Jésus-Christ depuis l'Europe jusqu'aux extrémités de la terre

La présence missionnaire sur le sol africain

La présence occidentale en Afrique voire sur tous les territoires colonisés se justifiait souvent par la conviction profonde de civilisation. L'Occident chrétien pensait avoir la dette envers le reste du monde qu'il estimait vivre dans les ténèbres. **L'homme de l'Occident se voyait maître de la culture, de la richesse, de la connaissance, d'une vraie religion, etc. Il se disait avoir le devoir et la responsabilité morale d'apporter cela au reste du monde afin de le faire sortir du monde des ténèbres par sa civilisation**. Le bagage à apporter aux autres peuples se résumait en trois actions de verbes : **Christianiser** (faire connaître le Christ), **commercer** (apporter le développement socioéconomique) et **civiliser** (introduire la culture occidentale). Cette initiative concernait tous les secteurs et tous les niveaux de la vie.

Nous pouvons donner l'exemple de la Belgique. La politique belge au Congo était conçue en trois théories connues sous le nom **de l'oeuvre nationale, de civilisation et de mise en valeur**. Nous parlons des deux premières qui correspondent bien à l'objet de notre article. Parler de l'oeuvre nationale avait une signification. Tous les Belges s'accordaient à dire que le Congo appartenait à la Belgique. Il s'agissait de la Belgique d'outre-mer. Les plus audacieux parlaient même de la dixième province belge. Personne d'autre ne pouvait s'ingérer dans son administration. Bien au début, Léopold II avait fait son choix en 1886.

[6] Ibid, P. 129.

L'évangélisation du Congo devait être faite par les missionnaires belges sans plus ni moins, une garantie de possession sans dérangement extérieur. Jean Stengers cite le roi :

"*Je tiens à ce que notre Congo soit évangélisé par des Belges.*"[7]

Son rêve a été exaucé parce que la Congrégation du Coeur-Immaculé de Marie connue sous le nom de Scheut fondée en 1864 rendra ce service au royaume de Belgique. Deux ans après la reconnaissance internationale de l'EIC, les évêques belges créent en 1887 à Louvain un Séminaire africain pour la formation des prêtres pour le Congo. A la demande du roi, les Scheutistes acceptent de prendre en charge le vicariat apostolique de l'EIC qui s'étendait sur tout le Congo à l'exception de la partie orientale.[8] Les années suivantes de 1885-1890 seront celles d'une course des missions belges vers le Congo avec des revues missionnaires destinées à sensibiliser la population belge pour le soutien aussi bien au niveau matériel que spirituel pour l'oeuvre missionnaire.[9]

La position exclusive des autres missions chrétiennes voulue par Léopold II n'est pas le fruit du hasard. Il voulait éviter tout ce qui pouvait se présenter ou être interprété comme une ingérence étrangère en plus du fait que la Belgique sera toujours le pays d'un catholicisme militant et exclusif dans ses colonies. J. Stengers nous parle encore de la sympathie et du choix de la religion catholique par le roi :

"*Systématiquement, le souverain de l'Etat indépendant essaya d'obtenir des différents ordres religieux belges qu'ils se chargent de tâches missionnaires; il y réussit souvent. L'Etat ne chercha jamais, par contre, à attirer les missionnaires protestants, qui étaient pratiquement tous des étrangers; ils vinrent au Congo de leur propre initiative.*"[10]

J. Stengers ajoute que pendant longtemps, les missions nationales à savoir celles qui avaient leur siège en Belgique et une direction belge bénéficiaient de l'aide financière et d'un traitement de faveur. Elles étaient les seules à toucher des subsides pour l'enseignement.[11] Ce choix exclusif des autres missions se poursuivra après 1908 quand le Congo cessa d'être la propriété privée de Léopold II pour passer sous la gouvernance de l'Etat belge suite à l'intervention de la communauté internationale qui dénonçait les injustices dont la population congolaise était victime.

Nous pouvons nous demander le pourquoi de cette politique exclusive. La réponse est double suivant la période des deux gouvernances. Le règne de

---

[7] STENGERS, J., Congo, Mythes et réalités, Editions racine, Bruxelles 2007, P. 198.

[8] PIROTTE, J., Le renouveau missionnaire à l'époque romantique et coloniale (du milieu du XIXème siècle à 1914), article dans Evangélisation et cultures non Européennes, no 34731, 21

[9] Ibid, 22.

[10] Ibid, 198.

[11] Ibdi. 198.

Léopold avait une totale confiance aux missions catholiques du fait que son pays était majoritairement catholique. Le gouvernement belge avait peur des missionnaires protestants qui avaient dénoncé les atrocités commises au Congo. Il suspectait toutes les missions anglo-saxonnes de travailler à la solde de leurs gouvernements. Il a gardé des rancoeurs contre ceux qu'ils considéraient de traitres. Comme les missionnaires belges étaient chargés d'inculquer la Belgique au Congolais, il ne fallait pas d'autres dénominations qui risquaient de contredire. Dans son concept de colonisation, la Belgique n'a jamais séparé les aspects matériels des aspects spirituels.[12] Dans cette philosophie coloniale, les Belges comme d'ailleurs les autres nations colonisatrices comptaient énormément sur les Sociétés missionnaires dans la transformation des populations colonisées en de petits européens par la langue française ou anglaise.

L'école comme instrument de christianisation et de civilisation

Toutes les sociétés missionnaires aussi bien catholiques que protestantes privilégiaient l'enseignement comme moyen d'implantation et d'expansion. Il fallait civiliser et faire connaître le Christ à tous ceux qu'ils jugeaient victimes du monde des ténèbres. L'école a été un instrument politique dans la théorie de la civilisation. Dans les colonies britanniques, le plan et programmes de l'enseignement étaient élaborés par l'administration coloniale[13] tandis que pour la Belgique tout a été confié à la mission comme l'écrit J. Stengers :

"*Toute l'initiative a été laissée aux missions, et le gouvernement s'est borné à subsidier ce que les missions créaient. Puisque l'Etat leur accorde un monopole, les missionnaires sont tenus de former pour lui les cadres subalternes dont il a besoin, et dont a besoin le secteur privé.*[14]

La course à l'alphabétisation était engagée au moyen scolaire et de l'enseignement de la catéchèse. D'ailleurs le plus souvent, les catéchistes étaient des autochtones parfois venus des pays voisins de celui où travaillait le missionnaire. C'est le cas du Rwanda. Les missionnaires anglais sont arrivés au pays des mille collines avec des catéchistes ougandais ou des Rwandais installés en Ouganda pour leur servir d'interprètes. L'école et les cours d'alphabétisation étaient des moyens d'inculquer la culture occidentale et de briser la réticence des autorités autochtones qui s'opposaient à la présence occidentale dans leurs pays. Ces cas de lutte contre la culture et la tradition locales ne sont pas le monopole de l'Afrique parce que nous rencontrons la même chose en Amérique latine avec une présence missionnaire farouchement opposée aux Indiens. Le monde con-

---

[12] Ibid, 202.

[13] STENGERS, J. op.cit, 208.

[14] STENGERS, J., op.cit, 208-209

naît le prêtre Bartolomé de Las Cas connu comme le père et protecteur des Indiens.

Revenons sur le cas du Rwanda. Pour isoler complètement Musinga dont nous avons parlé dans son opposition farouche à toute implantation du christianisme dans son pays, Mgr Classe a ordonné à ses prêtres d'alléger les exigences d'accès au baptême. Il a recommandé cela pour ne pas jeter les catéchumènes tutsi dans les bras de l'hérésie. Celle-ci est l'illusion aux protestants considérés de rivaux. Pour les empêcher à s'installer, il fallait trouver les moyens de les mettre des bâtons dans les roues. Ces dispositions d'admission prématurée au baptême et d'accueil bien soigné font que ces jeunes entreront en masse dans les stations des Pères blancs. Dans son discours, le vicaire pontifical ne cache pas sa joie de voir enfin les conversions de masse longtemps rêvées. Nous pouvons citer son ordre adressé aux prêtes dans tout le pays :

"Ne refusons pas à ces jeunes gens le véritable moyen d'être forts. Donnons-leur les sacrements et par eux la grâce et le secours spirituels qui en plus de nos encouragements les soutiendront et les fortifieront beaucoup mieux et plus efficacement qu'une attente sans fin du baptême. Et il terminait : faisons-leur confiance, aidons-les, loin de les décourager. Qui aura ces jeunes gens Batutsi aura le Rwanda entier."[15]

Cette position de Mgr Classe lui permettait de briser la résistance des chefs qui s'opposaient à l'arrivée du christianisme en concurrence avec la religion traditionnelle dans leur pays. Ayant fréquenté l'école de la mission ces jeunes devenus adultes allaient contribuer à l'expansion du catholicisme quand ils intégreront l'administration publique. Ils serviront souvent de moyens d'oppression contre les autres confessions chrétiennes. La destitution de Musinga dont nous avons parlé a accéléré l'adhésion des chefs au catholicisme et entraînera celle de la population en masse.

Comme outil d'évangélisation, la plupart des livres scolaires reprenaient les récits bibliques surtout du côté protestant. D'où l'école de la mission est devenue un outil efficace pour l'expansion du christianisme et un bon moyen d'effacer la culture des évangélisés au profit de celle du missionnaire. L'implantation de l'école de la mission a favorisé son renforcement jusque dans les coins les plus retirés du pays. Une société missionnaire qui avait plus d'écoles était plus importante à tous les niveaux de la société. Elle gagnait facilement sa notoriété dans les administrations et son influence dans les décisions devenait plus visible dans tous les secteurs de la vie.

---

[15] RWANYINDO, L., Le protestantisme belge dans la région des grands lacs, Editions Publibook, Paris, 2009, 310

Méthode et stratégie d'évangélisation

La méthode d'évangélisation catholique diffère considérablement de celle des protestants. Le concept missionnaire catholique était de gagner d'abord l'autorité politique parce qu'une fois que celle-ci ne faisait plus d'opposition tout le pays était considéré automatiquement comme catholique. Les protestants avaient une autre philosophie à savoir commencer par s'adresser à la base. Son intérêt portait sur la population au lieu de l'autorité politique. Il s'agissait d'une évangélisation de masse qui visait à amener les gens à Christ. Cette méthode n'est pas le fruit du hasard mais l'héritage des mouvements piétiste et de réveil à la base de la création des sociétés missionnaires protestantes.

En introduisant l'école au Rwanda, les missionnaires catholiques avaient trois motivations :

-ils étaient convaincus que l'implantation durable et dominante du catholicisme passait par gagner la classe dirigeante autochtone qu'ils voulaient former via l'école et ensuite utiliser pour conquérir l'administration publique;

- ils cherchaient à se servir des élèves à qui ils offraient quelques avantages et cadeaux (vêtements, chaussures, sel, sucre, savon, etc.) afin d'attirer leurs parents encore attachés à la religion traditionnelle. Mais ce dernier point pouvait se rencontrer aussi dans les missions protestantes;

- ils voulaient barrer la route à l'arrivée des protestants qu'ils considéraient comme leurs pires concurrents pour ne pas dire leurs ennemis. Sur ce point, il est intéressant de lire les écrits de Mgr Hirth, l'un des pionniers missionnaires au Rwanda :

"Sans l'école, les protestants auront bientôt toute l'influence autour de nous et au dépend du catholicisme."[16]

Dans une telle stratégie, l'école de la mission catholique est un instrument méthodique de conquérir le pouvoir. Nous y voyons malheureusement le danger de divisions par la création des rivalités exclusives. Mgr Hirth précisait bien la visée de son école missionnaire :

"*Le but de l'école n'est pas d'enseigner l'écriture à tous mais à une petite élite seulement, ce qui paraît suffire pour préparer jusqu'à un certain point des aides aux fonctionnaires du gouvernement*."[17]

La formation scolaire comme un outil d'évangélisation n'était pas le monopole des catholiques. Le missionnaire protestant s'est également servi de l'enseignement scolaire pour implanter son christianisme. L'évangélisation de la masse d'indigènes était fondée sur le concept de la civilisation occidentale. Il fal-

---

[16] RUTAYISIRE, P. Le christianisme du Rwanda (1900-1914). Méthode missionnaire et politique selon Mgr Classe, Editions Universitaires, Fribourg Suisse, 1987, P. 62.

[17] Ibid, P. 62.

lait aider l'homme sauvage à briser les chaînes. Cette théorie et conviction d'avoir à faire à des sauvages figuraient aussi dans les livres. Il suffit de visiter les recueils de cantiques et d'autres livres religieux. Dans la deuxième strophe du cantique missionnaire numéro 617 intitulé "Sur les ailes de la foi" (en usage dans les églises de tendance évangélique) sur le Congo solitaire, les paroles insistent sur la transformation de l'homme sauvage :

"Le Dieu d'amour transforme l'homme sauvage, change la nuit en jour. Plus de fétiche, d'idole, plus de mauvais sort pour qui croit cette parole à vaincre la mort."[18]

Cette mission de faire sortir l'homme africain de son état sauvage figurait dans l'agenda du colonisateur qui disait avoir le devoir de civilisation des autres peuples. Les missions et les gouvernements avaient le devoir de complémentarité. Ces premières étaient chargées de la formation là où ces derniers gouvernaient et disaient travailler pour le développement et le progrès des colonisés.

Les fermes-chapelles et les écoles-chapelles

Il nous paraît important de mentionner d'autres méthodes et stratégies mises en place pour briser la culture locale et assurer l'expansion missionnaire. De 1879 à 1883, les Jésuites décident de s'installer au Congo. Le Père Emile Van Hencxthoven prend la tête de la mission. Ils s'installent à Kwango en 1893. Leur travail missionnaire sera marqué par une nouvelle méthode connue sous le nom de fermes-chapelles : " Cette méthode consistait à placer un catéchiste et quelques enfants dans chaque poste secondaire; groupés en hameaux, ils pratiquaient systématiquement l'agriculture et l'élevage et recevaient une instruction religieuse. Ces postes devaient former des noyaux de nouveaux villages chrétiens exerçant un attrait sur les populations voisines."[19] L'objectif de ces fermes-chapelles était d'accélérer l'évangélisation et de briser la culture locale parce que les enfants étaient coupés de leurs familles. Donc, ils étaient loin de toute influence culturelle de leurs parents et de leurs voisinages. D'ailleurs l'introduction des écoles internes jouera le même rôle même si nous pouvons reconnaître que parfois elles répondaient au besoin de réduire de longues distances que les élèves devaient effectuer à cause de manque d'assez d'écoles secondaires dans le pays.

Les missionnaires protestants belges qui sont arrivés au Rwanda à l'invitation du roi Albert I ont mis en place la méthode de chapelles-écoles. Ceci signifie que l'enseignement scolaire et celui de la catéchèse étaient indissociables. Le rapport de 1932-1933 du conseil d'administration de la Société belge des mis-

[18] Dans le recueil, sur les Ailes de la foi autrefois très utilisé dans les Eglises du Réveil.

[19] Pirote, J., op.cit, 24

sions protestantes au Congo parle de la vocation de l'école missionnaire. On considérait l'institution scolaire comme inséparable de l'enseignement catéchétique. Le catéchiste est en même temps instituteur dans la plupart des cas. Cette formule était acceptée par l'administration publique belge qui gouvernait au Rwanda. L'appellation "chapelle-école" ou "temple-école" est une démonstration que la mission comportait des objectifs catéchétiques afin d'assurer l'évangélisation et l'expansion de la nouvelle religion au détriment de la culture locale. Ceci facilitait les choses au gouvernement colonial et aux missionnaires qui petit à petit brisaient l'opposition à leur installation et permettaient d'épouser la culture occidentale.

Conclusion

L'école de la mission a été un instrument efficace qui a permis aux missionnaires et aux Etats colonisateurs de gagner leur pari. Ils ont brisé toutes les forces d'opposition avec l'aide du missionnaire enseignant et traducteur de la Bible. Celle-ci a joué un rôle très important du côté des missions protestantes parce qu'il fallait que tout le monde sache la lire et soit alphabétisé. Il faut remarquer que presque tous les premiers présidents des Etats d'Afrique indépendants avaient fréquenté les séminaires catholiques ou une école des missions protestantes. Le missionnaire a joué un grand rôle dans l'installation de la culture occidentale dans les pays colonisés. D'ailleurs, si les indépendances ont fait monter les chefs d'Etats africains au pouvoir, la culture de gouvernement et de l'enseignement est restée inchangée parce que l'Occident demeure présent par la culture, son mode d'habillement voire véhiculée par la langue et son mode d'habillement imposés à toute la société africaine ainsi qu'à tous les colonisés comme moyens d'expression visible de civilisation. Faut-ils vouloir changer pour retourner à la culture traditionnelle d'avant l'arrivée des Occidentaux? Il nous semble à l'heure où tout se mondialise dans un monde qui devient comme un village qu'il faut plutôt s'adapter et apprendre à vivre dans un monde de diversité culturelle et cosmopolite. Nous n'avons pas abordé le danger de cette perte de la culture africaine qui fera que le christianisme demeure une religion étrangère et comme une ruche suspendue dans un arbre ou sans racines. Ceci nécessitera un nouvel article qui pourrait traiter aussi la fragilité de la bonne gouvernance dans presque la totalité des pays colonisés.

Jack McDonald

Word or deed? An analysis of the wrongs and rights of Christian mission with reference to Samuel de Champlain and Jean-Jacques Rousseau.

Introduction: the Christian impulse to engage in mission

> *And Jesus came to them and said, 'All authority on heaven and earth has been given to me. Go therefore and make disciples of all the nations, baptizing them in the name of the Father and of the Son and of the Holy Spirit, teaching them to obey all that I have commanded you. And surely I am with you always, to the end of time.'*[1]

It is surprising that we read these ambitious words in Matthew's gospel, the evangelist most concerned to show Jesus' links with Judaism, a religion which has never indulged in active proselytism with those outside its boundaries. But Jesus' "great commission" is there, a stark, clear command to evangelise, to spread the gospel, the good news of Jesus Christ, not just to our own families and tribes but to the whole *oikumene*, the whole inhabited world. This idea is a new idea in human thought: the notion that religion, that which binds and orders us, is universal in scope and not just confined to a specific tribe or people. In its Christian form, it foreshadows the types of universalist arguments we see later in the Enlightenment.[2] Nevertheless, the non-universalist idea that religion is something which binds us to a specific tribe or people was common currency in the ancient world and we see it today just as clearly in almost every religious context.[3]

I want to address here the question of the validity of Christian evangelism via a specific historical situation, namely the Catholic missions to New France[4]

---

[1] Matthew 28:18-20, called in English-speaking circles 'the great commission'.

[2] For example, the first half of article 1 of the Déclaration des droits de l'homme et du citoyen of 1789, the key French Revolutionary text, "Les hommes naissent et demeurent libres et égaux en droits", does not specify the groups of people to whom this sentiment applies – the French, perhaps – but inludes all people in its scope.

[3] There are too many examples of this "tribalist" approach to religious adherence to cite here: in my own Anglican tradition, the notion that Anglican Christianity is the particular gift and genius of the Anglo-Saxon peoples is ubiquitous, even though only a small minority of Anglicans in the 21st century are Anglo-Saxon, the vast majority being sub-Saharan Africans.

[4] i.e.: The land we now call Canada. There are a number of excellent presentations of this particular missionary history. Perhaps the most accessible are B. Moore, *Black Robe*, Penguin 1985, and the film which is based on the book: *Black Robe* (B. Beresford 1991).

in the 17th century, as an example of what Christian evangelism deeply is and how it can go right and how it can go wrong from ethical perspectives.

Jesuit missions to New France

At the same time that Anglicans were evangelising Maryland, Virginia, the Carolinas and Georgia[5] and as Dutch and English Presbyterians and Quakers were evangelising the northern stretch of the Thirteen Colonies (from New Hampshire to Pennsylvania, and including New York[6]), the French began to evangelise New France and Louisiana. The versatile and interesting Samuel de Champlain[7] founded the city of Québec in 1608. Although we are unsure whether he was baptized Protestant or Catholic[8], Champlain was favourable to the evangelisation of Canada and (since royal decrees prevented Protestants from setting themselves up in New France) he welcomed Catholic missionnaries, first Recollects, then Jesuits, from 1615[9]. There were soon three towns, Québec, Trois-Rivières and Montréal, set in a vastness of virgin territory. Louis XIII had decided that New France would not be just a series of trading-stations dealing with local Native American tribes especially in the fur-trade, but a proper French colony, with people from France settling in Canada into the long term. This required chaplains to minister to the *colons,* to offer Christian worship, to baptise, marry and bury, to offer spiritual advice and to educate children in a world where only the churches educated anyone. But the Jesuits in particular saw their mission as wider than that, and they began to organise themselves under the authority of the French governor in ambitious trips into the unknown.[10]

Cultural barriers in mission

The Jesuits soon discovered that the context of mission was very important. The Indian tribe called the Mohawk in English and the Iroquois in French, who were the most local of Native American tribes to Québec, were completely nomadic.

[5] Note that these British colonies bear the names of British monarchs: Mary II, Elizabeth I ("the virgin queen"), Charles I and George I respectively.

[6] New York was called New Amsterdam until 1664.

[7] Without a shadow of a doubt, the best information on Champlain is found in: D. Hackett Fischer, *Champlain's Dream*, New York, Simon & Schuster, 2008, a magisterial biography excellent in every respect.

[8] There is no surviving record of his baptism. His Old Testament Christian name, Samuel, was typically a Protestant name in 16th and 17th century France, but there is no doubt that Champlain's public life and career were lived as a Catholic.

[9] For the most accessible information about this period of Catholic mission, see: G. Havard and C. Vidal, *Histoire de l'Amérique française*, Paris, Flammarion, 2003, rev. ed. 2014, especially ch. 6.

[10] For the detailed history of these historical adventures, see: F. Roustang SJ (ed.), *Jésuites de la Nouvelle-France*, Paris, Desclée de Brouwer, 1960, passim (an excellent and detailed collection of documents). Less comprehensive but more available is: F. Artigalas, *Les jésuites au Nouveau Monde*, French Guiana, Ibis Rouge Editions, 2013.

This meant that Jesuit missionaries had to learn the Iroquois language, then follow the tribes around as they foraged for food. This quickly became an impossible task, so the Jesuits began instead to evangelise the Canadian tribe which was the most agricultural and stable, the Huron. Even here, progress was slow. When François de Laval was appointed the first Catholic bishop of Québec in 1674, he still only had 25 clergy and 12 parishes, and that was 16 years after he arrived in Canada as a priest in 1658.

But even among the stable and peaceable Huron, the missionaries' problems had only just begun. The context of their mission was that they were viewed by the Native American tribes, like it or not, as the spiritual arm of an invading European power. This made their presence, protected by the French army, quickly resented among the native population. The boundary between church and civil authority was not well understood, not even by the Frenchmen concerned. The church played a major role in colonisation: persuading French subjects to relocate to the New World, educating their children, building churches, schools and hospitals, being a visible presence of French authority and power.

In fact, the church's influence was not straightforwardly pro-French: the majority of fur-traders had no patience with the church's desire to involve itself in the intimate lives of the Native Americans; they just wanted to make money at all costs and return to France enriched and admired. Jesuit influence disrupted traders' practices of exchanging furs for cognac: the evidence is that missionaries recognised the disastrous effects of alcoholism on Native American populations and fought hard to prevent it and to protect local villages from a malign European product; this annoyed traders intent on making money without a thought for the social effects of what they were doing. The Jesuits saw the Native Americans not just as trading-partners but as *sauvages,* as those who could be *sauvé*, saved. This implied a close relationship and partnership with the Native Americans which most French settlers did not desire. Indeed the Jesuits saw the Canadian missions as a chance to create an ideal Christian society, with violence, alcoholism, crime and trickery banished; they even used the phrase: "Jérusalem bénite de Dieu, composée de citoyens destinés pour le ciel" about New France.

So what happened to Jesuits like the brave subject of Brian Moore's *Black Robe*, Jean de Bréboeuf[11] and his mission to the Huron? He arrived at the Huron village, worked tirelessly to learn their language and adopt their local customs. He baptised and catechised, married and buried. He preached Jesus' message of forgiveness and non-violence.[12] Four years later, the communities of Catholic

---

[11] See note 4 above.

[12] See Matthew 5:38-42.

Huron he had founded and nourished were massacred by other Native American tribes militarily unenfeebled by Jesus' teachings on turning the other cheek.

This represents a conundrum for Christian mission. Give the Huron the gospel of peace and non-violence, then watch neighbouring tribes massacre them with impunity. It leads me to the subtext of evangelisation, the collection of tacit, silent beliefs which influence us and anyone when we try to persuade someone else to follow our beliefs.

A few examples from the Jesuit missions in Canada will help here.

First, the Native Americans never managed to process how the missionaries who preached brotherly love and non-violence were so close to the French army which protected them and exacted fierce reprisals if a missionary was murdered by the Native Americans (which happened very often: the missionaries were undoubtedly brave, and very few lived to a ripe old age, being skinned alive by the Iroquois, shot by the English, or freezing or starving to death in the bitter Canadian winter). The mismatch between what the missionaries said and how they lived was apparent to the Native Americans and greatly confused them.

Second, the missionaries out of Christian love baptized sick children and adults, following Jesus' command in Matthew 28 above. But this act was quickly interpreted by Native Americans as a harbinger of death: when the missionaries baptized you, you quickly died, because they were black-robed demons stealing your soul.

Third, the Native Americans could not really process why the missionaries were so opposed to tribal customs which had been part of their culture for millennia: polygamy, the torture of defeated enemies, the Freudian-before-the-letter belief that dreams had a crucial status for interpreting waking life. Clerical celibacy struck them as disrespectful to God because it spurned his gifts of love, sex, marriage and family.

Fourth, the Native Americans, although just about willing to learn French, could not understand why the missionaries led services only in Latin, a language which no one, not even the missionaries themselves, spoke fluently. They were further confused when reassured that Latin was not the language of heaven or of Jesus or of their dreams, but that worship was obliged to be conducted in it even so.

Subtexts in mission

We see the cultural subtexts operating here: for all the bravery, the real courage and self-sacrifice of the Jesuits, what they were offering the Huron was *both* a spiritual path to paradise *and* a primer in high European culture: polyphonic music, Latin, Thomist philosophy in the Grand-Séminaire de Québec, a clerical élite who did not marry, an absolute rejection of local practices and customs (eg:

exposing the dead to the air rather than burying them, which the Indians believed would trap their souls forever underground; they were further confused by the story of the resurrection of Jesus - why would anyone want their old, clapped-out body to come back to life rather than their spirit to rise to their ancestors?). The Jesuits were fortunate that Catholic piety suited the Indians more than Protestant piety: the cult of Mary and the saints made perfect sense to them, similar as it was to their own traditions of ancestor-worship; likewise the automatic grace afforded by the sacraments appealed to their sense of magic. The Bible and the notion of the Word of God presented more difficulties, since none of the tribes had a written language and they could not relate to the importance of a word which was not spoken but written in wizards' signs. When Anglicans and Protestants began to evangelise Canada after New France was handed over to Great Britain in 1763, they faced major problems in this area – how to convince cultures which did not have the concept of a book of the vital importance of the Bible.

Any texts in mission – a fundamental problem

We see here a basic problem of *text.* A century and a half after Samuel de Champlain wrote his anthropology *Des sauvages*[13], the Swiss philosopher Jean-Jacques Rousseau wrote a seminal critique of all written language *Essai sur l'origine des langues* (written in about 1754, but only published posthumously 1781, because Rousseau feared religious persecution for holding his theories)[14]. Rousseau's theory is that written language is at the heart of humankind's problems: it is the instrument of the concealment of natural signs of communication; it is a vehicle for lies and deceits; it produces snobbish theories of civilisation which are actually theocratic devices for codifying religion as law via a propositional theory of religion as subscription to orthodox creeds[15]. We might say that a more basic and universal religious impulse is *perichoresis*, the

[13] S. de Champlain, *Les sauvages* (1603), A. Beaulieu and R. Ouellet eds., Montréal, Typo, 1993. Champlain's work is of an astonishingly non-judgemetnal and modern tenor, respectful of the new cultures and societies he had encountered.

[14] J.-J. Rousseau, *Essai sur les origines des langues* (1754), C. Kintzler ed., Paris, Flammarion, 1993.

[15] This propositional approach to religious faith and its problems can be seen through another francophone Protestant, Simon Tyssot de Patot, who wrote this summary of the text of Christian faith in 1714: *"Souvent il les entretenait d'une résurrection et immortalité bienheureuse après cette vie? De plus, il soutenait que Dieu avait un fils, engendré de sa propre substance longtemps avant le monde, qui s'était manifesté aux hommes depuis quelques siècles, étant né d'une fille vierge, ou qui n'avait si vous voulez jamais connu aucun homme. Que cet homme-dieu avait conversé parmi le genre humain, qu'il avait souffert la mort comme un brigand, pour mériter par là la vie éternelle au reste des hommes qui voulaient bien embrasser sa foi, et qu'enfin ce personage, qui s'appelait Christ, s'était lui-même relevé d'entre les morts et s'était assis aux cieux à la main droite de son père pour gouverner avec lui le ciel et la terre jusqu'à la fin du monde." See S. Tyssot de Patot, Voyages et aventures de Jacques Massé (1714), Paris, Editions Amsterdam, 2005, p.103.* The epistemological and missiological problem here is that this text, according to Tyssot de Patot, is fine for the 18th century Indian but an utterly incomprehensible fairy-tale for the 18th century European.

'rotation', the dance within the Trinity and the dance of religious adherents. Similarly, the cross is the basic sign of the Christian faith's description of the relationship between God and humanity, and the cross is not a book but an active sign, which stands for a particular and significant deed. When codified into a book or a set of doctrines about atonement, the cross falls into the trap of all texts: it becomes an instrument of the concealment of truth and of the exercise of theocratic or political power.[16]

We see here what is potentially a fundamental problem for Christian mission which is linked to a historic text, the Bible. For Rousseau, the text is *inherently* a corrupting influence on basic human spirituality and our ways of knowing God, because it obscures the primary signs through which we access the divine (natural signs such as light, movement, kindness, honesty) with an artifice of power and control built on knowledge of and authority to interpret a text which governs daily life.

Contemporary action

If we move to 21st century Europe, we encounter many of the problems experienced by Jean de Bréboeuf four centuries ago, even though our context seems so different from the confident age of faith of 17th century France and New France.

First, we live in a continent increasingly *secularised,* where Christian doctrine is sneered at and considered beneath serious consideration. In our Europe, God as an idea needs defending, and many people, perhaps a majority now, have a problem with the very use of the word "God".

Second, we live in a continent which is *post-modern* in ways which would have alarmed Rousseau, drunk on the possibility of a single scientific narrative to explain everything that can be imagined. Now, most people are wary of any over-arching answer which employs an over-confident theory of "truth", especially of "unique truth". We live in a sort of supermarket of rival and competing truths[17]: Living in contemporary Europe involves dialogue in ways which the Jesuits would have considered a grotesque compromise of Christian faith when they entered Canadian villages to preach the gospel of Jesus.

Third, we live in a *post-Christendom* world, and here we need to note the clear difference in English between the word "Christianity", meaning the faith

---

[16] Alongside the many elegant commentaries on Rousseau's theory here, for which see Rousseau op.cit. p. 263f., a good introduction to Rousseau's theory of the malign influence of organised alphabetical language can be found in: D. Robinson and O. Zarate, *Rousseau, a Graphic Guide*, London, Icon, 2011, a simple but clear exposition.

[17] Eg: Eight faiths are formally recognised by the Belgian State where I work: three from Napoleon (Catholicism, Protestantism, Judaism) and four more recognised since then (in chronological order, Anglicanism, Islam, Eastern Orthodoxy and Laïcité organisée). The secularists in the Laïcité organisée possess beliefs which are incompatible with all the other recognised religions, but all are impartially recongised by the State.

and life of Christians, and the word "Christendom", meaning the political empire of Christian nations. There are still lots of Christians, but Christendom is dead: only five EU nations have a truly State church: Orthodox in Greece, Lutheran in Denmark and Finland, Catholic in Malta and Anglican in England. Even in these countries, and certainly elsewhere, the word "church" induces resentment and revulsion in large sections of the population, chiefly because of the perception that the Christian churches have abused the position of power which history afforded to them, that they have forgotten the actual ethical message of Jesus in favour of a desire for power, wealth and influence. The word "church" is a problem in 21st century Europe.[18]

So our context is one where *God, truth and church* are all problem words, and Christians need to make God believable, to dialogue with others who claim to know the truth, and to re-imagine the structure of the church. This is an unaccustomed duty which is likely to be perceived as a burden by the historic churches[19].

Conclusion

Samuel de Champlain and Jean-Jacques Rousseau raise the question of how far our cultural assumptions and presuppositions shape our evangelism, and of whether on first principles our historic Christian trust in a sacred text is an obstacle to evangelism rather than its ideal vehicle. Both these factors involve either soft cultural power (eg: Christian congregations whose use of English

---

[18] I am grateful to Professor Evert van de Poll of ETF Leuven for this triple-characterisation of secularism, post-modernism and post-Christendom.

[19] All I can do here is to sketch out a few ideas as to how the church might do this, based on my own experience as an Anglican priest for 24 years. I have been helped by A. Roxburgh, *Missional: Joining God in the Neighborhood,* Grand Rapids, Baker, 2011. Roxburgh's ideas sit very closely with Bishop Graham Cray's, who has masterminded the Church of England's response to the end of Christendom, which is called Fresh Expressions of Church. Cray takes the traditional Anglican analysis of the three things which the church must do – worship, proclamation and service – and re-imagines it. Traditionally, as in 17th century Canada, worship came first: Christian missionaries founded churches and parishes and organised public worship. In 2017, there remains an overpowering stress in many Christian circles, including in the Anglican diocese in Europe, on church-planting, on setting up more and more Christian parishes. Cray says that this is starting in exactly the wrong place: it will exhaust the new churches with bureaucracy before the church has established itself. What the church needs to do to evangelise is to see worship as the natural, essential activity for the committed, which they do Sunday by Sunday in obedience to the apostles on Easter Day and after. Whereas proclamation and service should be pushed to centre-stage. A worshipping but inhospitable church is useless and not worshipping properly. A worshipping church which ignores the refugee crisis is useless and not worshipping God properly. A worshipping church which does not try to defend Jesus' teachings is useless and not worshipping properly. A worshipping church which shrugs its shoulders at the refugee crisis, or child euthanasia, or an assumption that theism is idiotic, is not a worshipping church but a museum or a social club for like-minded simpletons. A church which offers worship, proclamation and service will show the following characteristics: (1) It will be hospitable and able to receive hospitality; (2) It will encourage debate at every level inside and outside itself. (3) It will experiment and be imaginative; (4) It will listen and not shout; (5) It will trust that God can work through powerlessness and vulnerability. See G. Cray (ed.), *Mission-Shaped Church*, London, Church House, 2004.

makes them attractive to newcomers for economic reasons) or hard cultural power (eg: Christian control of higher education or medicine). One response to this dilemma is to situate the church's evangelism in the arenas of non-power implied by the post-theist, post-modern and post-Christendom world.

Jack McDonald

Esclavage et abolition : le triomphe du concept de la décence lors du débat abolitionniste en Angleterre au XVIIIe siècle.

Introduction – la banalité de l'esclavage au XVIIIe siècle

J'ai auparavant esquissé mon postulat que le facteur le plus prépondérant relatif à l'abolition de la traite négrière dans l'Empire britannique en 1807 est la crainte provoquée au parlement de Westminster par les deux Révolutions française et haïtienne que le désordre social enchainé par ces révoltes de teneur jacobine ne s'étale aux territoires impériaux britanniques.[1] C'est un parlement britannique appeuré qui décrète l'abolition peu après l'indépendance d'Haïti dans la volonté de maintenir la paix, c'est-à-dire la mainmise de la puissance coloniale aux Antilles anglaises.

En dehors de cette nécessité politique, l'abolitionnisme est une thèse rare et eccentrique au XVIIIe siècle ; l'esclavage des Noirs est une banalité pour l'écrasante majorité des populations des pays impliqués dans la traite.

A la lecture des ouvrages typiques de l'époque – le plus fameux aux Anglais est la *History of Jamaica* d'Edward Long, publiée en 1774 en trois tomes et vite devenue un *best-seller*[2] – il est clair que l'esclavage est largement considéré une nécessité économique et culturelle : l'Européen a pour devoir le besoin de faire rayonner sa culture à travers le monde ; le Noir est ontologiquement inférieur au Blanc, typologiquement proche (selon les dires insoucients et désinvoltes de M. Long) de l'orang-outan ; il serait dans ce contexte complètement fou de le libérer, de l'éléver au rang des Blancs, là où il n'est pas capable d'occuper de place productive.

On s'insurge aujourd'hui devant de telles stupidités. Mais toute compte faite c'est inutile de s'enrager contre de tels racismes flagrants - ils étaient de mise dans l'Europe occidentale du XVIIIe siècle, au point où les contradire était malvu, l'opinion des gens marginaux, des illuminés, des sectaires bondieusards comme les quakers. Comprendre l'Angleterre du XVIIIe siècle nécessite une appréciation de ce racisme *banal* : selon les modalités d'aujourd'hui – suite à l'acceptation quasi-totale en Europe d'une ou d'autre philosophie des droits de l'homme – la traite n'est autre qu'une abomination, un crime contre l'humanité, un génocide, mais selon les normes même du siècle des Lumières, la traite et l'esclavage des Noirs sont des sujets qui ne méritent guère de commentaire négatif.

---

[1] Voir : J. McDonald, "Anglicanisme et abolition de l'esclavage" in : RHPR Strasbourg, 2014, Tome 94, no. 2, pp. 163-176.

[2] E. Long, *The History of Jamaica* (3 tomes, 1774), rééd., Cambridge, Cambridge University Press, 2010.

Un bon exemple de cette insouciance face à l'esclavage est le rétablissement de l'esclavage dans l'Empire colonial français en 1802 par Napoléon. On attend comme riposte à ce dérapage napoléonien des grandes condamnations, des manifestations populaires à Paris ou aux Antilles contre un geste si rétrograde, l'anéantisement du grand geste libérateur fait par la Convention nationale le 4 février 1794 d'abolir et la traite et l'esclavage dans un seul coup.[3] Mais il n'en est rien : le rétablissement de l'esclavage passe presque sous silence partout sauf à Saint-Domingue (futur Haïti). Bien que l'on a vécu quelques escarmouches en Guadeloupe, les possessions françaises s'y habituaient vite.[4]

L'histoire des relations anglo-françaises pendant cette période est correctement vue comme une lutte à mort ; voici les deux plus grands empires coloniaux européens qui cherchaient à dominer les mers et les continents dans l'absence de toute concurrence par l'autre. Dans cette optique, la presse anglaise mijote et fulmine sans arrêt contre Bonaparte, qui semble capable de faire remonter la France au niveau politique doré de l'époque du Roi-soleil – possibilité architroublante à la presse britannique très chauviniste et patriote. Le somptueux volume *Bonaparte and the British : Prints and Propaganda in the Age of Napoleon*[5] montre l'attitude dédaigneuse constante de la part des Anglais à l'égard de Napoléon dès le début de sa carrière : à travers des caricatures politiques desinnés par des brillants satiristes tels James Gillray, Isaac Cruikshank et Percy Roberts, les artistes anglais tournent l'entière carrière de Bonaparte en dérision : ses batailles de jeune général ; la campagne d'Egypte échouée, le consulat à redingote écarlate, le sacre-mascarade comme empereur des Français ; la bataille de Trafalgar magistralement perdue ; les campagnes d'Espagne et de Russie catastrophiques ; la chute du Premier Empire après la défaite à Leipzig – rien n'échappe ni à la dérision ni à l'acérbité des pamphlétaires. Mais contre le rétablissment de l'esclavage il n'y a rien. On aura espéré des commentaires secs suite à ce retour en arrière, mais les pamphlétaires y passent sous silence.

Inutile alors de dénoncer le Premier consul d'un racisme exprès et mesuré : la vérité est plus banale – Bonaparte est plutôt *indifférent* à la question raciale. La loi du 30 floréal an X (20 mai 1802) ordonne qu'à la Martinique restituée à la France suite au traité d'Amiens et aux colonies françaises de l'océan Indien, l'esclavage est "maintenu" conformément aux lois en vigueur avant 1789, et la traite des Noirs est rétablie. C'est vrai que cette loi n'a pas beaucoup d'effet à Saint-Domingue, vu sa situation politique délicate sous le consulat auto-proclamé de Toussaint Louverture ; mais en Guadeloupe et en Guyane, l'esclavage est facilement rétabli en 1802. Nous sommes aujourd'hui épatés par de tels affronts,

---

[3] Voir : Y. Benot, *La Révolution française et la fin des colonies 1789-1794,* Paris, La Découverte, 1987, 2004.

[4] Pour de plus amples renseignements, voir : T. Lentz, *Napoléon diplomate,* Paris, CNRS éd., 2012, surtout ch.9.

[5] T. Clayton et S. O'Connell (éds.), *Bonaparte and the British: Prints and Propaganda in the Age of Napoleon,* Londres, British Museum, 2015.

en oubliant que dans la société antique, selon les propos de Sandra Boehringer : "Alors que nos sociétés distinguent en premier lieu les individus par leur sexe, la principale source de différenciation y résidait dans le fait de posséder ou non son corps, le fait d'être libre ou d'appartenir à un propriétaire."[6] La division sociétaire entre hommes libres et esclaves est bien historique et nous parvient de longue date.

Le parcours d'Edward Long y jette de la lumière. M. Long (1734-1813) est né en Cornouailles ; il étudie le droit à Gray's Inn de Londres, est appelé au barreau, passe ensuite en Jamaïque où il excerce les fonctions de magistrat en même temps que planteur ; épuisé par le climat antillais, il finit ses jours en Angleterre. En 1774, il publie la *History of Jamaica*, qui reste à nos jours parmi les plus adroites enquêtes et études sur la vie et le gouvernement coloniaux jamais écrites. La *History* nous fournit des histoires géologique, sociale et politique de l'île très détaillées. Improbablement au XXIe siècle, mais normalement au XVIIIe siècle, le livre devient un *best-seller*, et il est toujours publié. Long est bien vu au XVIIIe siècle ; rien dans son livre n'est considéré comme une bévue ou une énormité. Voilà quelques-uns de ses propos.

Voici d'abord un avertissement par Long contre la pratique de louer des esclaves à quelqu'un d'autre sur l'île :

> A. purchased 20 Negroes for £1.080 (at £54 per head) which he rented to B. On a seven year lease, at £8 per head; at the expiration of the lease the account stood as follows;
> B. paid for rent, at £160 per annum in seven years - £1.120
> Ditto for physic, clothing, taxes, maintenance etc, at £126 per annum - £882
> Ditto for deficiency on the re-evaluation of 14 Negroes (the other six having died) when they were surrendered back to A. At the expiration of the lease (at £58 per head re-evaluation) - £268 = £2.270
> As these Negroes did but very little work during the two first years of the lease, and the six who died of the yaws [le pian, une infection dermatologique atroce] did none at all, the utmost he could rate to have gained by them was, at an average, £15 per head per annum on the 14 survivors, which in seven years amounted to - £1.470
> B. lost clearly therefore the sum of - £800.[7]

On y voit le récit d'un relevé du compte bancaire que traite des Noirs comme du simple bétail, croyance que souligne cette citation du même livre :

> For the cultivation of this land [la Jamaïque], manufacture and carriage of its produce, we may estimate :
> 105.000 Negroes

[6] Sandra Boehringer, 'Hors sujet dans la Grèce antique', *Le Magazine littéraire*, avril 2016, p. 66.
[7] Voir : E. Long, op.cit., p. 400.

40.000 Road and mill cattle
25.000 Mules and horses.[8]

Voilà l'homme réduit à la mule, aux bovins ; en plus réduit au bétail sans provoquer le moindre commentaire critique de la part de la bonne société.

A cette exposition de la pure ignorance ou, mieux, de l'indifférence face à la question de l'esclavage il faut nuancer les éventuelles critiques survenues contre la traite. Jean-Paul Duguet dans son édition des *Réflexions sur l'esclavage des nègres* du marquis de Condorcet[9] a bien regroupé ces diverses critiques de l'esclavage dans la période des Lumières en trois parties, qui correspondent aux trois degrés d'attitude négative envers l'esclavage :

1. D'abord, attitude la plus répandue parmi les bien-pensants, *déplorer*, c'est-à-dire regretter que la réalité soit ce qu'elle est, affirmer son injustice, tout en reconnaissant en fait son caractère inévitable, sans se donner les moyens politiques ou intellectuels de le changer. D'après Duguet, MM. Montesquieu, Voltaire, Helvétius, Diderot ou Adam Smith auraient choisi cette déploration, sans aller plus loin. Déplorer est d'offrir le simple jugement négatif.
2. Pour monter la critique d'un petit cran, *critiquer* l'esclavage est saper la légitimité rationelle et morale du phénomène, insister que le mal de l'esclavage repose sur des fausses nécessités, qu'il fait violence aux principes humains essentiels. Rousseau en est un exemple, tout comme John Locke ou l'Ecossais Francis Hutcheson, bien que les principes philosophiques proposés par Locke contre l'esclavage n'empêchent en rien son statut d'actionnaire de la Royal African Company (qui s'occupait de la traite négrière en Guinée) et sa *Constitution of the Carolinas* (1699) ne touche pas non plus à l'esclavage – parfois dit-on que c'est le gain personnel qui l'emporte sur l'éthique.
3. Enfin on arrive à la troisième attitude, la plus tranchée contre la traite, à savoir le combat. *Combattre* l'esclavage est de passer à l'action, d'en proposer concrètement l'abolition légale. D'après Duguet, c'est Condorcet seul parmi les philosophes français qui représente cette attitude activiste définitive – il est d'ailleurs le seule philosophe justement à participer à la Révolution française. Je vais revenir à Condorcet tout à l'heure, parce que, après l'exposé des attitudes abolitionnistes britanniques que je fais aujourd'hui, nous verrons que la grande différence entre les abolitionnismes actifs anglais et français est qu'en Angleterre la stratégie est uniquement

[8] Voir : Ibid., 495.

[9] N. de Condorcet, Réflexions sur l'esclavage des nègres (1781), éd de J.-P. Duguet, Paris, Flammarion, 2009.

juridique, tandis qu'en France il y a un aspect révolutionnaire assez garni, qui vise ouvertement la libération plénière de l'homme.[10]

Des attitudes anglicanes face à l'esclavage

Ce n'est pas une grande surprise que toute philosophie révolutionnaire est largement vue avec profonde horreur dans l'Angleterre de la fin du XVIIIe siècle ! J'ai déjà évoqué à de maintes reprises l'attitude typique envers l'esclavage de la majorité de l'épiscopat anglican lors du même siècle,[11] en effet ce que dénomme Duguet ci-dessus une légère déploration, un embarras, qui ne s'étale presque jamais au moindre réflexe d'action concrète. Rares et eccentriques sont les voix anglaises soulevées contre la traite.

Les études anglicanes sur le débat abolitionniste ont tendence à se concentrer sur l'interprétation des textes bibliques ; un facteur prépondérant pour nous est le fait que, avant l'arrivée de la haute-critique allemande au XIXe siècle, l'interprétation de la Bible au sein de l'Eglise d'Angleterre (à quelques excéptions près, spécialement les "Cambridge Platonists" du XVIIe siècle, très scientifiques mais très obscurs : Ralph Cudworth, Benjamin Whichcote, Nathaniel Culverwell, Henry More[12]) est de la prendre au premier degré. Les versets sur lesquels la justification de l'esclavage repose sont repris sans arrêt afin de taire des inquiétudes pieuses concevables à son égard :

- Exode 20:17 ("Tu ne convoiteras pas la maison de ton prochain [...] ni son esclave, ni sa servante, ni son boeuf, ni son âne, ni quoi que ce soit qui lui appartienne") montre clairement que l'esclavage est inclu dans la loi mosaïque.
- Ephésiens 6:5 ("Esclaves, obéissez à vos maîtres d'ici-bas avec crainte et tremblement, en simplicité de coeur, comme au Christ") montre clairment qu'il n'en changeait rien en la nouvelle dispensation en Jésus-Christ – en fait, ce nouveau testament accorde au planteurs et esclavagistes une identité christique : les esclaves sont censés leur obéir comme ils doivent obéir au Christ lui-même.
- Pour en finir avec le débat, l'on citait Jésus lui-même lors d'une de ses paraboles (Luc 12:47 "Le serviteur qui, connaissant la volonté de son maître, n'aura rien préparé ou fait selon sa volonté, recevra un grand nombre de coups.")[13]

---

[10] Voir : J.P. Barlier, *La Société des amis des Noirs 1788-1791,* Paris, Ed. De l'Amandier, 2010. Cet abolitionnisme-révolutionnaire est d'ailleurs toujours de mise, d'après le travail émergent de mon collègue à la KU Leuven Joseph Drexler-Dreis, qui vient de soutenir sa thèse doctorale sur Frantz Fanon et sa théologie de la violence : que la violence and la force soient parfois des actes d'amour.

[11] Voir la note 1 ci-dessus.

[12] Ch. Taliaferro et A. Teply, *Cambridge Platonist Spirituality*, New-York, Paulist Press, 2004.

[13] Ce verset est cité dans le film *must* de Steve McQueen, *12 Years a Slave* (2013) : nous y verrons le planteur Edwin Epps (joué par Michael Fassbender – intégralement corrompu et spirituellement défait

Se soulève une question : vu ce témoignage biblique en faveur de l'esclavage et nettement critique des révoltes des esclaves (je reconnais bien sûr que chaque constat sur la Bible provoque immédiatement des multiples contre-exemples : on pense tout de suite au phénomène de l'Exode lui-même), comment est-il que, dans l'Angleterre du XVIIIe siècle, des anglicans de tendence évangélique et des quakers presque tous inféodés au simple texte biblique limpide commencent à s'organiser *contre* la traite, à la stupéfaction de la majorité de leurs concitoyens et co-religionnaires ? Je tiens que l'interprétation du texte biblique ne nous répond pas à cette question – comme en commente Cécile Révauger dans son anglais parfait : "In fact the Bible was used both by abolitionists and anti-abolitionists who made it suit their different purposes."[14]

Mon postulat est que les abolitionnistes anglais même du genre chrétien utilisaient le concept de la *décence* comme outil primaire contre la traite. Je vais vous en offrir trois exemples anglicans célèbres :

1. Le révérend James Ramsay (1733-1789) chirurgien et pasteur ;
2. Le fameux William Wilberforce (1759-1833) député au Parlement et chef de file des abolitionnistes ;
3. William Pitt (1759-1806) le plus jeune Premier ministre de l'histoire de l'Angleterre (il le devient à l'âge tendre de 24 ans) ainsi qu'un farouche opposant à la Révolution française et à Napoléon, ainsi qu'à la traite négrière.

James Ramsay

Ramsay est un Ecossais protestant réformé qui fait ses études en médecine aux universités d'Aberdeen et de Londres. Il est ensuite chirugien de marine aux Antilles, où il voit de près les conditions à bord des négriers. Il est tellement catastrophé par ce qu'il voit dans les cales des négriers qu'il abandonne la médecine pour devenir pasteur anglican à Saint-Christophe aux Antilles. Sur cette île anglaise, il est l'unique pasteur de paroisse qui accueille indifférement les Blancs et les Noirs aux cultes, pratique qui mène vite à son expulsion de l'île (en 1777) par les planteurs sur place outragés par son soutien aux Noirs. Il s'installe par la suite dans le Kent, d'où il agite pour l'abolition. Son chef d'oeuvre est *An Essay on the Treatment and Conversion of African Slaves in the British Sugar Colonies* (1784),[15] traité qui influence les deux Williams-politi-

lui-aussi par l'institution esclavagiste), qui donne une étude biblique à son effectif d'esclaves pour justifier son comportement ultra-brutal, parce que ça aurait été Jésus en personne qui stipulait des peines extrêmement sévères aux esclaves récalcitrants.

[14] C. Révauger, *The Abolition of Slavery: the British Debate (1797-1840),* Paris, PUF, 2008, p. 46.

[15] J. Ramsay, *An Essay on the Treatment and Conversion of African Slaves in the British Sugar Colonies* (1784), rééd. Cambridge, Cambridge University Press, 2013.

ciens Pitt et Wilberforce. Il meurt dans le Kent en 1789, bête noire des planteurs qui le ridiculisent et harcèlent jusqu'à la fin de ses jours.

L'*Essay* de Ramsay, toujours publié, est aux yeux contemporains un ouvrage curieux. Peut-être le point le plus curieux (voire obsessionnel) au cours du livre est la foudroyante colère de l'auteur contre l'abus du jour du Seigneur par les planteurs (qui insistaient alors que devraient travailler leurs esclaves le dimanche au lieu de les laissaient aller au temple et au repos, abus des ordres scripturaires qui semble bien plus scandaleux à Ramsay que le phénomène de l'esclavage lui-même.[16] Autre facteur un peu singulier est l'importante conclusion, qui porte plus sur la nécessité de nommer aux paroisses anglicanes antillaises des pasteurs adéquats et bien rémunérés (ce qui n'était pas normal dans les années 1780) que sur la nécessité de l'abolition.[17] Nous sommes encore une fois visiblement à l'écoute d'un homme du XVIIIe siècle, qui n'est pas le nôtre. A ne pas sous-estimer non plus de la part de ce pasteur écossais sont l'incéssante critique du moindre réflexe révolutionnaire[18] et la défense des systèmes juridiques écossais et français par rapport au droit commun anglais.[19]

Ramsay exploite également le cas juridique du *Zong* de 1783,[20] un événement si odieux que ça résonne jusqu'à nos jours dans la culture anglaise.[21] Le négrier *Zong* appartient à deux esclavagistes de Liverpool, William Gregson et George Case. Son capitaine, Luke Collingwood, met les voiles à partir de Sao Tomé en 1781 avec 442 esclaves dans la cale du navire. M. Collingwood, pauvre pilote, se perd dans la mer des Caraïbes. L'eau fraîche à bord commence à s'épuiser. Conscient que chaque esclave décédé à bord représente une nette perte aux MM. Gregson et Case, Collingwood décide de s'en débarrasser de 143 en les jetant en vie par-dessus bord, sous prétexte complètement confectionné d'une insurrection à bord, moyen de récupérer une partie de leur valeur monétaire de l'assurance. La banque refuse catégoriquement de rembourser le *Zong* pour des esclaves perdus dans de telles circonstances. MM. Gregson et Case passent en justice, qui leur accorde la somme de 30 livres par esclave noyé. Suite à l'appel de Granville Sharpe, milord Mansfield autorise un nouveau procès, ensuite perdu par l'abolitionniste. Cependant, face à un cas si célèbre et épouvantable, l'opinion publique commence à maugréer contre les esclavagistes. L'oeuvre de Thomas Clarkson : *An Essay on the Slavery and Commerce of the Human Species* (1786) et l'établissement du Committee for the Abolition of the Slave Trade à Londres (1787) en sont des résultats directs.

---

[16] Ibid. 130 et s.

[17] Ibid., 159, 281 et s.

[18] Ibid., 146.

[19] Ibid., 43 et s.

[20] Ibid., 35.

[21] Le roman best-seller de Barry Unsworth, *The Quality of Mercy*, Londres, Windmill, 2012, en est encore une représentation dramatique de l'affaire affreuse.

Mais la chair du traité de *l'Essay* subsiste en quatre arguments contre la traite négrière, que je présente par ordre d'intérêt croissant (à mon avis) :

1. Ramsay tient que *l'économie* antillaise aura bénéficié de l'abolition pour des raisons adam-smithiennes à savoir que l'esclave n'est point d'acteur économique ; il ne stimule pas d'activité économique ; tandis que l'homme libre a intérêt à s'impliquer sérieusement à la vie économique d'un pays, d'acheter, de devenir propriétaire, de passer ses richesses à sa déscendence etc.[22]

2. Ramsey déplore le *racisme* non-dissimulé de plusieurs commentateurs britanniques de son époque, notamment le grand philosophe écossais David Hume, dont le racisme à l'égard des Noirs est aussi flagrant que gênant.[23]

3. De loin l'argument le plus répandu dans le livre est le concept d'*égalité* :[24] l'esclavage n'est plus soutenable parce que les Noirs sont les être humains, dotés d'âmes tout comme les Blancs – Ramsay semble s'autoriser à des conceptions bien cartésiennes au sujet des âmes éternelles chez les hommes noirs et blancs.[25]

4. En dehors de ses diatribes contre l'abus du sabbat, où il déploie des versets bibliques, le seul domaine où Ramsay offre une argumentation biblique est sous la forme d'une *théologie de 'process'* avant la lettre : il tient que si la Bible autorise l'esclavage, ce n'est que parce que les civilisations bibliques n'étaient pas capables de s'organiser sans l'appui de cette structure sociale ; tandis qu'au XVIIIe siècle éclairé on n'a plus besoin de cet arrangement ; on est désormais trop grand pour s'accommoder à cette base sociale primitive.

L'argumentation de Ramsay à travers ces spécificités se résume en un seul mot : *la décence*. Ce qui saute des pages est le ferme sentiment que l'esclavage est indécent, qu'il faut absolument l'arrêter. L'esclavage ne sert aux économies nationale et impériale ; l'esclavage entraîne à des excès racistes et cruels chez les colons antillais ; l'esclavage existe paradoxalement dans un climat où l'homme européen puisse identifier et apercevoir la fondamentale égalité de l'espèce humaine si elle est de peau blanche ou peau noire. L'homme décent doit exiger l'abolition de cette indécence sans tarder.

A noter que cette argumentation n'est pas si biblique que ça ; Ramsey fait appel plutôt à des *sentiments de décence* parmi son public : l'ultime vision d'un homme bon sensé est de concevoir et de réaliser une société sans esclavage selon l'enseignement de Jésus conçu dans sa généralité :

> That the heavenly preacher of peace and good will towards men [c-à-d Jésus] should be supposed to have encouraged an unnatural state of

---

[22] Voir : J. Ramsay, op.cit., 116, 118, 122.

[23] Ibid., 198.

[24] Ibid., 36, 87, 153, 185, 197, 203, 229, 234, 246.

[25] Ibid., 240, 253.

> society which in its very institution must counteract in the superior every benevolent inclination from man to man; and must go far to suppress in the inferior every desire after that intellectual improvement and heavenly happiness, to point out the way to which was the very design of his humiliation; is such blasphemy against the divine goodness and condescension of his mission and is so flatly contradicted by the whole tenor of his doctrine as to be utterly unworthy of any answer.[26]

Constate Ramsay ainsi, ayant déployé une argumentation généraliste sans s'attarder sur des textes bibliques spécifiques, que :

1. l'institution de l'esclavage n'est pas en phase avec la volonté divine, ni avec l'enseignement de Jésus ;
2. l'esclavage est une humiliation abjecte du Noir ;
3. l'esclavage est un blasphème

A répéter que le pasteur ne cite aucun verset biblique : il s'appuie sur la généralité de l'évangile concu comme une leçon morale de décence.

William Wilberforce

Il en est de même chez Wilberforce, dont le parcours est si bien connu que l'on peut passer par-dessus sa biographie et procède directement à ses dires. L'argumentation de Wilberforce a une logique en quatre parts :

1. En bon anglo-saxon, Wilberforce réfère aux *possibilitiés économiques* qui se dévoileraient suite à l'abolition à la lumière de toute la panoplie des idées d'Adam Smith concernant la superiorité et la munificence du commerce entre des nations et des gens libres. Dixit Wilberforce : "Let us make reparation to Africa, so far as we can, by establishing a trade upon true commercial principles, and we shall soon find the rectitude of our conduct rewarded by the benefits of a regular and a growing commerce."[27]

2. Le député insiste que la traite est un phénomène fondamentalement *corrupteur*, qui souille les mains et les coeurs de chaque personne impliquée, des esclavagistes aussi bien que des esclaves, du public en Angleterre qui en ignore les détails horribles et dégradants aussi bien que des planteurs qui doivent y fermer les yeux. L'esclavage corrompt les Africains engagés dans la traite aussi bien que les Anglais aisés qui en profitent le plus. Ici

[26] Ibid., 46.

[27] Wilberforce à la chambre des Communes le 12 May 1789, in : B. MacArthur (éd), *The Penguin Book of Historic Speeches*, Londres, Viking, 1995, p. 138.

Wilberforce: "Let us then withdraw from these wretched Africans those temptations to fraud, violence, cruelty and injustice which the slave trade furnishes."[28] De même : "When we reflect that it is we ourselves that have degraded them [c-à-d les Africains] to that wretched brutishness and barbarity which we now plead as the justification of our guilt; how the slave trade has enslaved their minds, blackened their character and sunk them so low in the scale of animal beings that some think that the apes are of a higher class."[29]

3. Wilberforce étant un anglican de tendence évangélique, il ne surprend pas qu'il cite la *religion* comme facteur qui devrait mener à l'abolition. Mais, sans doute conscient des versets bibliques parfois inconvénients sur le sujet, il se cache derrière des généralités comme faisait Ramsay : "There is a [religious] principle above everything that is political; and when I reflect on the command which says: 'Thou shalt do no murder', believing the authority to be divine, how can I dare to set up any reasoning of my own against it? And, sir, when we think of eternity and of the future consequences of all human conduct, what is there in this life that should make any man contradict the dictates of his conscience, the principles of justice, the laws of religion and of God?"[30] Tout comme le pasteur Ramsay, Wilberforce se réfugie derrière les leçons généralistes à tirer du texte biblique, ici la simple interdiction de l'assassinat, et n'en examine jamais le détail.
4. Un appel à la foi chrétienne tenue avec la plus haute sincérité, pourtant gênante aux *gentleman-farmers* qui siègent à la chambre des Communes de l'époque, n'aurait pas suffi à les convaincre. En général, Wilberforce bâtit son argument sur les fondations de la *civilisation* qu'il faut établir à travers le monde. Ses références à la civilisation sont incessantes : face à l'esclavage, l'homme civilisé, l'homme décent, ne peut pas accepter une telle disgrâce : il faut agir sans délai. Il faut abolir.

William Pitt

L'allié politique de Wilberforce reprend beaucoup des arguments de son copain à vie Wilberforce, mais le Premier ministre s'appuie moins sur des arguments religieux que sur des arguments moraux et politiques :

1. Son argument essentiel est que la traite est une *"incurable injustice"*.[31]

[28] Ibid., pp. 135-6
[29] Ibid., p. 135.
[30] Ibid., 137.
[31] Discours de M. Pitt à la chambre des Communes le 2 avril 1792, in : B. MacArthur, op.cit., 138.

2. Il ridiculise les *arguments casuistiques* des sympathisants de l'esclavage – dans les termes utilisés ci-dessus, de ceux qui *déplorent* l'esclavage mais qui ne font rien que déplorer – qui réfèrent à la volonté insondable de Dieu comme prétexte de laisser tranquille toute la structure de l'esclavage. Ici Pitt : "Men have been led to place [slavery] among the rank of those necessary evils which are supposed to be the lot of human creatures, and permitted to fall upon some countries and individuals rather than upon others by that [Supreme] Being whose ways are inscrutable to us and whose dispensations [...] we ought not look into."[32] Pitt traite ce genre d'argumentation pieuse (du genre : "ce n'est pas à nous de disputer une tradition qui semble malfaisante mais qui est visiblement autorisée par Dieu, parce que ça se justifie dans l'Ecriture et ça existe depuis toujours dans toutes les sociétés humaines") avec des sarcasmes : "The origin of evil is indeed a subject beyond the reach of human understandings; and the permission of it by the Supreme Being is a subject into which it belongs not to us to inquire. But where the evil in question is a moral evil which a man can scrutinise, and where that moral evil has its origin with ourselves, let us not imagine that we can clear our consciences by this general, not to say irreligious and impious, way of laying aside the question."[33]
3. Comme Wilberforce, Pitt identifie le *facteur corrupteur* de l'institution de l'esclavage, que ça mène à un commerce des armes avec les puissances africaines qui entraine rien d'autre que la misère partout le continent africain, qui est en elle-même une source de honte aux Anglais : "It was our arms in the river Cameroon, put into the hands of the trader, that furnished him with the means of pushing his trade; and I have no [...] doubt that they are British arms, put into the hands of Africans, which promote universal war and desolation... Thus, sir, has the perversion of British commerce carried misery instead of happiness to one whole quarter of the globe."[34]
4. Mais de loin l'argument préféré de Pitt est d'exposer le *devoir civilisateur* des Anglais, leur devoir de propager la décence, la paix, l'education, les Lumières à travers le globe. Il faut améliorer le sort et le destin des Africains, devoir qui est formellement incompatible avec l'institution esclavagiste. Voici Pitt : "We are in the possession of peace, of happiness and of liberty; we are under the guidance of a mild and beneficient religion and we are protected by impartial laws and the purest administration of justice [...] and we, who are enjoying the

---

[32] Ibid., 139.
[33] Ibid., 139.
[34] Ibid., 139-40.

> blessings of a British civilisation, of British laws and British liberty, might at this hour have been little superior either in morals in knowledge or refinement to the rude inhabitants of the coast of Guinea. [...] I trust we shall not think ourselves too liberal if, by abolishing the slave trade, we give them the same common chance of civilisation with other parts of the world, and that we shall now allow to Africa the opportunity, the hope, the prospect of attaining the same blessings which we ourselves [...] enjoy."[35]

Les arguments de Pitt se résume alors aux points suivants :

1. L'esclavage est injuste.
2. Les arguments des sympathisants de l'esclavage sont palpablement et fiscalement intéressés.
3. L'Angleterre sème la misère partout par le biais de la traite.
4. La mission de l'Angleterre est d'être décente, de propager le bonheur et la civilisation, ce qui exclut formellement toute pratique de l'esclavage.

Nous voyons alors que, face à la banalité de l'esclavage vécu au XVIIIe siècle, les commentateurs anglicans s'orientent vers une argumentation large, morale et centrée sur la décence. Le facteur scripturaire est minimisé.

L'argumentation anglicane commence alors à rejoindre et à reprendre les arguments "universalistes" dont se servent les abolitionnistes français qui combattaient l'esclavage à la même époque, mais – chez les anglicans – l'argument est livré en plus simpliste. En ce sens et à ce point, Ramsay et ses co-abolitionnistes britanniques se rapprochent finalement de Condorcet parce qu'ils s'appuient sur des principes d'égalité et de charité plus que sur des textes.

Conclusion condorcetienne

Nous avons vu que sur le seul plan biblique ce qui motive les abolitionnistes anglais est la stricte observance du jour du Seigneur, ce qui va de pair avec, par exemple, l'activité de Wilberforce comme président de la Society for the Suppression of Vice, comité inquisitionnel qui existe afin d'harcèler et menacer les belles-de-nuit. Vu leur intérpretation au premier degré du texte biblique et vu les versets particuliers qui soutiennent l'esclavage, ils n'avaient aucun recours que de se concentrer sur l'exigence très générale tirée de l'Ecriture d'abolir la traite. Ce qui leur reste de l'argumentation abolitionniste subsiste en le concept d'une décence publique qui exige l'abolition.

Que veut dire concrètement cette décence ? En fait, elle semble être l'égalité décapée de tout projet révolutionnaire, une égalité-*lite* adaptée à la culture anglo-saxonne ; une égalité liée même à la justesse du colonialisme anglais de-

[35] Ibid., 145.

stiné à l'amélioration des indigènes. Citer "décence" comme prétexte abolitionniste est une façon anglicane de demander l'abolition sans se mêler aux dangers révolutionnaires.

L'on voit tout de suite la différence entre cette attitude paternaliste et le projet plus révolutionnaire-libérateur du marquis de Condorcet. Lui est prêt à se demander en profondeur pourquoi, face aux scandales de la traite et de l'esclavage, le public français y est indifférent (ex : Bonaparte). Son analyse en trois parties, conteste les idées reçues que :

1. l'esclavage est moralement permis ;
2. l'escavage est économiquement essentiel ;
3. l'esclavage est essentiel pour l'ordre public aux colonies lucratives.

Cette analyse est déjà plus adroite par rapport aux simples slogans de Wilberforce. La riposte optimiste condorcetienne (à savoir que nous devrions tenir bon aux possibilités mélioristes offertes par l'histoire et par la vie politique) que déploie le marquis contre le pessimisme pascalien (à savoir qu'il n'y a pas de remède humain aux maux humains) distance déjà les simplicités des abolitionnistes anglais. Son hypothèse que c'est la *fausse conscience* au niveau sociétaire qui explique pourquoi les hommes jugent normal l'esclavage, même si le phenomène est en vérité criminel et obscène (c-à-d les hommes ont tendence à faire confiance aux lois reçues), anticipe les thèses sartriennes sur la mauvaise foi (à savoir que nous avons le réflexe de construire un monde où nous ne sommes pas libres afin de nous masquer la difficile réalité que nous sommes en réalité libres).

Bref, Condorcet *plaide* pour l'abolition : il se sert de l'argument qu'il faut s'échapper de la fausse conscience, avant de s'emparer de la liberté naturelle. Tandis que Ramsay et ses amis sortent un slogan séducteur : *abolition now! decency now!*

Nous notons cependant qu'en 1807 le slogan anglais a pris le dessus sur l'argument français tombé depuis lors en désuétude. Parfois un projet de nouvelle loi profite d'une simplicité de raisonnement ainsi que d'une attaque parlementaire frontale. L'abolition de la traite dans l'Empire britannique s'effectue par ces moyens de l'égalité-décence. Les abolitionnistes nous ont légué le soin d'examiner les fondements biblique et philosophique de leur projet plutôt politique et caritatif.

Heye Heyen,

Der Seelsorger als Seelsorge-Empfänger.
Eine quantitative Auswertung

0. Einleitung

„Auch Seelsorger brauchen Seelsorge, sie vielleicht in besonderem Maße, jedenfalls in eigener Weise.“ Dieser Satz aus einem Handbuch der Seelsorge[1] dürfte unter denen, die das Fach „Seelsorge“ lehren, breite Zustimmung erfahren. Das gilt für eine eher „verkündigende“ wie für eine eher pastoralpsychologisch orientierte Seelsorge gleichermaßen.

Wie aber steht es damit in der Praxis? In welchem Maße nehmen Seelsorger faktisch für sich selbst Seelsorge in Anspruch? Und wenn sie Seelsorge in Anspruch nehmen, suchen sie dann eher explizite Glaubenshilfe oder eher Supervision oder Therapie? Gibt es einen erkennbaren Zusammenhang mit der Seelsorge, die sie selbst praktizieren? Besteht ein Zusammenhang mit ihrer Frömmigkeit, mit ihrer Theologie und mit der Seelsorge-Konzeption, die sie selbst vertreten?

Das sind Fragen, deren Beantwortung in erster Linie eine quantitative Untersuchung erfordert. Zu diesem Zweck habe ich 1500 nach dem Zufallsprinzip ausgesuchten Seelsorgern (je 500 in Deutschland [EKD], in den Niederlanden [PKN] und in England [Church of England]) einen digitalen Fragebogen vorgelegt.

Die Ergebnisse dieser Untersuchung werde ich im Folgenden darstellen. Dabei geht es weniger um die Interpretation als um die Darstellung der Zahlen, der Fakten und der sich zeigenden Korrelationen.

1. Der Seelsorger als Seelsorge-Empfänger

1.1. Seelsorge (allgemein)

Mindestens vier von zehn Seelsorgern sind oder waren auch „Empfänger“ von Seelsorge.

Die Frage, wie groß ist der Anteil der Seelsorger ist, die selbst Seelsorge in Anspruch nehmen (oder schon mindestens einmal in Anspruch genommen haben), ist aufgrund der durchgeführten Untersuchung nicht sicher zu beantworten. In der Gruppe der Respondenten geben nur etwa 8% an, sie hätten noch nie selbst

[1] Klaus-Peter Hertzsch, Seelsorge am Seelsorger, in: Handbuch der Seelsorge, Berlin (EVA)1986 (3), S. 523-533; Zitat S. 523.

ein Gespräch mit einem Seelsorger geführt. In dieser Gruppe sind unter zehn Seelsorgern also gut neun, die auch selbst Seelsorge erfahren bzw. mindestens einmal erfahren *haben*. Allerdings ist mit der Möglichkeit zu rechnen, dass in der großen Gruppe der Non-Respondenten (71,2%) die Zahl derer, die niemals Seelsorge in Anspruch genommen haben deutlich höher liegt: dass jemand in geringerem Maße bereit ist, über Seelsorge-Erfahrung Auskunft zu geben, könnte auch damit zusammenhängen, dass er in geringerem Maße Seelsorge-Erfahrung gemacht hat.

Doch selbst wenn man in den Niederlanden als dem Land mit der höchsten Respondenz (224 von 500 = 44,8%) von der äußerst unwahrscheinlichen Möglichkeit ausgehen wollte, dass alle Non-Responder noch nie in ihrem Leben Seelsorge in Anspruch genommen hätten, würde das bedeuten, dass mindestens 40,4 % aller Seelsorger Seelsorge in Anspruch genommen hätten. Das Einzige, was sich also sicher sagen lässt, ist, dass von zehn Seelsorgern mindestens vier – wenngleich wahrscheinlich wesentlich mehr – auch selbst Seelsorge in Anspruch nehmen oder genommen haben.

Seelsorger nehmen entweder oft oder selten Seelsorge in Anspruch

Wenn Seelsorger selbst Seelsorge in Anspruch nehmen, so geschieht das zumeist entweder regelmäßig, d.h. häufiger als einmal im Jahr oder selten (ein- bis fünfmal im Leben).

Auf die Frage: „Haben Sie selbst Gespräche mit einem Seelsorger geführt? Wie oft?“ wurden folgende Antworten angekreuzt:

• ein- bis fünfmal im Leben	xxxxxxxxxxxxxxxxxxx	38,8%
• höchstens einmal im Jahr	xxxxxxx	13,9%
• regelmäßig, öfter als einmal im Jahr	xxxxxxxxxxxxxxxxxxxx	39,6%

Diese tendenzielle Polarisierung („entweder regelmäßig oder nur höchstens fünfmal im Leben“) muss bei einer Stichprobengröße von 432 und einer Fehlerbreite[2] von 4,66% als signifikant gelten. Sie zeigt sich übrigens auch in allen kleineren Teilgruppen: in allen drei untersuchten Ländern und bei Männern wie bei Frauen.

In Seelsorgegesprächen geht es mehr als doppelt so häufig um (Lebens-) Beratung wie um Glaubensthemen.

---

2 Zur Berechnung der Fehlerbreite habe ich jeweils herangezogen: www.journalinks.be/steekproef/

Auf die Frage: „Ging oder geht es in diesen Gesprächen eher um (Lebens-) Beratung oder eher um Glaubensthemen?“ wurden folgende Antworten angekreuzt:

- eher um (Lebens-)Beratung
  xxxxxxxxxxxxxxxxxxxxxxxxxxxxxxxxxxxx 72,2%
- eher um Glaubensthemen
  xxxxxxxxxxxxxxx 31,3%

Auch dieses ist ein signifikantes Ergebnis, das sich übrigens tendenziell auch in allen kleineren Teilgruppen zeigt: in allen drei untersuchten Ländern und bei Männern wie bei Frauen.

In mindestens einem Drittel der Seelsorgegespräche wird auch gebetet.

Auf die Frage, ob in den Seelsorgegesprächen gebetet würde, wurden folgende Antworten angekreuzt:

- mit Gebet xxxxxxxxxxxxxxxx 31,7%
- ohne Gebet xxxxxxxxxxxxxxxxxx 37,7%
- *[keine Angaben]* xxxxxxxxxxxxxxx 30,6%

Da nicht auszumachen ist, warum ein knappes Drittel der Respondenten hier keine Angaben macht, ist nur zu sagen, dass in mindestens etwa einem Drittel der Gespräche gebetet wird und in mindestens etwa einem Drittel nicht.
Auffällig ist, dass in England in Seelsorgegesprächen etwa doppelt so häufig gebetet wird wie in den Niederlanden und in Deutschland[3].

1.2. Die Einzelbeichte

Einer von fünf Seelsorgern hat mindestens einmal gebeichtet.

Eigene Erfahrung (wenigstens einmal) mit der Einzelbeichte hat von den 432 Respondenten ungefähr jeder fünfte Seelsorger (21,3%). Dabei gibt es allerdings deutliche Unterschiede zwischen den verschiedenen Ländern. Es sind

in den Niederlanden xxxxx 11,1%[4]

in Deutschland xxxxxxxxxxxxx 25,2%[5]

in England xxxxxxxxxxxxxxxxxxxxxxx 45,2%[6]

[3] In England sind es 54,8% (Fehlerbreite von 43,4% bis 66,25%), in Deutschland sind es 25,2% (Fehlerbreite von 16,79% bis 33,61%) und in den Niederlanden 28,1% (Fehlerbreite von 20,15% bis 36,05%).

[4] Fehlerbreite von 3,15% bis 19,09%. Graphisch ist hier und im Folgenden die Fehlerbreite durch ------ dargestellt.

[5] Fehlerbreite von 16,79% bis 33,61%.

[6] Fehlerbreite von 33,75% bis 65,65%.

Diese Unterschiede überraschen nicht: In den reformiert geprägten Niederlanden gibt es traditionell die Einzelbeichte im eigentlichen Sinn nicht; im lutherisch geprägten Deutschland gibt es sie wohl, allerdings spielt sie faktisch eine geringe Rolle; in der Kirche von England hat sie – zumindest im anglokatholischen Flügel – einen vergleichsweise hohen Stellenwert.

Die folgenden Angaben zur Häufigkeit sind wegen der geringen Anzahl nicht verlässlich, auch wenn sie zu bestätigen scheinen, dass im Leben der englischen Seelsorger das Beichten eine deutlich größere Rolle spielt als bei den Seelsorgern auf dem Kontinent. Von den Seelsorgern aus England geben 15 % an, dass sie regelmäßig, d.h. öfter als einmal im Jahr, beichten, während das in den Niederlanden und in Deutschland nur 1,3% bzw. 3 % angeben.

Wenn in Seelsorgegesprächen gebetet wird, ist dabei in erster Linie nicht an Beichte oder Gebet um Vergebung zu denken. Das zeigt sich daran, dass von denen, die angaben, dass in ihren Seelsorgegesprächen gebetet wird, 60,1%[7] niemals gebeichtet haben. Umgekehrt gaben von denen, die beichten oder wenigstens einmal gebeichtet haben, 41,3%[8] an, dass in ihren Seelsorgegesprächen nicht gebetet würde. Sie scheinen also „Seelsorgegespräch“ und „Einzelbeichte“ als zwei verschiedene Dinge zu empfinden.

1.3. Psychotherapie

Jeder dritte Seelsorger hat Psychotherapie in Anspruch genommen.

Ungefähr ein Drittel (31,3%) der Respondenten gibt an, Psychotherapie in Anspruch genommen zu haben. Hierbei sind weder zwischen den drei Ländern noch zwischen Männern und Frauen deutliche Unterschiede zu erkennen.

Was die Dauer der Psychotherapie betrifft, geben etwa zwei Drittel (56,3%) an, dass sie ein bis mehrere Jahre gedauert hat.

Einrichtungs-Seelsorger nehmen häufiger Psychotherapie in Anspruch.

Einen signifikanten Unterschied gibt es im Blick auf die in Anspruch genommene Psychotherapie zwischen Gemeindepfarrern und Einrichtungs-Seelsorgern.

Gemeindepfarrer in Psychotherapie	xxxxxxxxxxxx	24,5%[9]
Einrichtungs-Seelsorger in Psychotherapie	xxxxxxxxxxxxxxxxxxxx	40%[10]

[7] Fehlerbreite von 51,76% bis 68,44%.

[8] Fehlerbreite von 31,11% bis 51,49%.

[9] Fehlerbreite von 19,09% bis 29,91%.

[10] Fehlerbreite von 30,9% bis 49,4%.

Auch die Dauer der Psychotherapie scheint bei den Einrichtungs-Seelsorgern (73,5% ein oder mehrere Jahre) höher zu liegen als bei den Gemeindepfarrern (64,5% ein oder mehrere Jahre). Diese Zahlen sind allerdings nicht verlässlich, da sich hier die Fehlerbreiten überschneiden.
Auf jeden Fall aber besteht eine deutliche Korrelation zwischen Einrichtungs-Seelsorger-Sein und Psychotherapie-Inanspruchnahme. Das scheint für alle drei untersuchten Länder zu gelten.

Eine Erklärungshypothese könnte lauten: diejenigen, die mehr als andere mit sich selbst beschäftigt sind und deswegen Psychotherapie und Supervision in Anspruch nehmen (und deswegen wahrscheinlich auch an KSA *[NL: KPV]*-Kursen teilnehmen), „wandern aus" in die Einrichtungs-Seelsorge.

Korrelation Psychotherapie – Beichte

Auffällig ist eine offensichtliche Korrelation zwischen Beichte und Psychotherapie. Unter denen, die in Psychotherapie sind oder waren, ist die Zahl derer, die auch Erfahrung mit der Einzelbeichte haben, signifikant höher (31,9%) als unter denen, die niemals Psychotherapie in Anspruch genommen haben (16,5%). Dem entspricht, dass unter denen, die Erfahrung mit der Einzelbeichte haben, die Zahl der Psychotherapie-Klienten signifikant höher ist (46,7%) als unter denen, die niemals gebeichtet haben (27%).

Beicht-Erfahrung haben unter den Respondenten

mit Psychotherapie-Erfahrung	xxxxxxxxxxxxxxxx	31,9%[11]
ohne Psychotherapie-Erfahrung	xxxxxxxxx	16,5%[12]

Psychotherapie-Erfahrung haben unter den Respondenten

mit Beicht-Erfahrung	xxxxxxxxxxxxxxxxxxxxxxx	46,7%[13]
ohne Beicht-Erfahrung	xxxxxxxxxxxxxx	27%[14]

Eine mögliche Erklärung hierfür könnte in der Hypothese liegen, dass eine Teilgruppe, der es leicht fällt, sich zu öffnen und über persönliche Dinge zu re-

[11] Fehlerbreite von 23,49% bis 40,31%.
[12] Fehlerbreite von 10,78% bis 22,22%.
[13] Fehlerbreite von 36,51% bis 56,89%.
[14] Fehlerbreite von 21,68% bis 32,32%.

den, sowohl die Psychotherapie als auch die Einzelbeichte häufiger in Anspruch nimmt, während für eine andere Teilgruppe, der es schwer fällt, sich zu öffnen, die Schwelle für beides zu hoch ist.

Sollte diese Hypothese zutreffen, wäre es wahrscheinlich, dass eine entsprechende Korrelation auch bestünde zwischen Psychotherapie und Seelsorge: wer sich schwer öffnen und über Persönliches reden kann, dürfte auch weniger geneigt sein, Seelsorge in Anspruch zu nehmen. Das lässt sich aufgrund der vorliegenden Daten bis zu einem gewissen Grad nachprüfen. In der Tat haben sich von den Probanden, die laut eigenen Angaben niemals Seelsorge in Anspruch genommen haben, nur 5,6% psychotherapeutisch haben behandeln lassen. Dagegen sind es unter denen, die wohl Seelsorge in Anspruch genommen haben, 33,5%. Auch wenn die Gruppe, die niemals Seelsorge in Anspruch genommen hat, zu klein ist (36), um daraus valide Schlüsse zu ziehen, ist die Tendenz doch überdeutlich. Es scheint sich damit also die genannte Hypothese zu bestätigen.

Ist die Korrelation zwischen Psychotherapie und Beichte damit im Wesentlichen erklärbar, bedarf es kaum weiterer Hypothesen, etwa über eine (überdies fragliche) inhaltliche Nähe (z.B. Schuldgefühl).

1.4. Supervision

Gut die Hälfte der Pastoren nimmt Einzelsupervision in Anspruch: Frauen häufiger als Männer und Einrichtungs-Seelsorger häufiger als Gemeindepfarrer.

Von den Respondenten geben 56,9% an, Einzelsupervision in Anspruch zu nehmen bzw. genommen zu haben.

Dabei gibt es einen signifikanten Unterschied zwischen den Geschlechtern:

```
Frauen:   xxxxxxxxxxxxxxxxxxxxxxxxxxxxxxxxxxx___ 69%[15]
                                  -------------
Männer:   xxxxxxxxxxxxxxxxxxxxxxxxx_             50,9%[16]
                                 ------
```

Auch zwischen Gemeindepfarrern einerseits und Einrichtungs-Seelsorgern andererseits gibt es einen signifikanten Unterschied:

```
Gemeinde-
Pfarrer:     xxxxxxxxxxxxxxxxxxxxxxxxxx_             51,7%[17]
                                    ------
Einrichtungs-
Seelsorger:  xxxxxxxxxxxxxxxxxxxxxxxxxxxxxxxxxxxx___72,2%[18]
                                      --------------
```

[15] Fehlerbreite von 60,81% bis 77,19%.

[16] Fehlerbreite von 45,07% bis 56,73%.

[17] Fehlerbreite von 46.29% bis 57,11%.

[18] Fehlerbreite von 62,8% bis 81,6%.

Während Pastoren mit Psychotherapie-Erfahrung signifikant häufiger auch Beicht-Erfahrung haben, lässt sich eine entsprechende Korrelation von Supervisions-Erfahrung und Beicht-Erfahrung nicht feststellen.

2. Die eigene Seelsorgepraxis – Anlässe und Häufigkeit

Der deutsche Gemeindepfarrer macht vor allem Geburtstagsbesuche.
Für Gemeindepfarrer in Deutschland ist offensichtlich der *Geburtstag* (wohl vor allem der älteren Gemeindeglieder) der mit großem Abstand häufigste Anlass für einen Seelsorgebesuch.

Mehr als 30 Geburtstagsbesuche im Jahr machen von den Gemeindepfarrern

in Deutschland	xxxxxxxxxxxxxxxxxxxxxxxxxxxxxxx	63,2%[19]
in den Niederlanden	xxxxxxxxxxx	21,8%[20]
in England	xx	3,4%[21]

Selbst wenn man hier innerhalb der Fehlerbreite vom jeweils maximalen Fehler ausgeht, läge der deutsche Wert noch knapp doppelt so hoch wie der niederländische und knapp dreimal so hoch wie der engliche.

Für den deutschen Pfarrer folgen an zweiter Stelle „Trauer“ (46,3%) und an dritter Stelle „Krankheit“ (21,1%).

Dass in den Niederlanden der Pfarrer oft stärker als in Deutschland sich vor allem auf den Kreis der aktiven Gemeindeglieder bezieht, dass Besuche weithin durch Kirchenälteste gemacht werden und dass der Geburtstag in der niederländischen Alltagskultur einen geringeren Stellenwert hat als in der deutschen, mag den Unterschied zwischen dem niederländischen und dem deutschen Wert teilweise erklären. Auffälliger ist in diesem Punkt der geradezu extreme Unterschied zwischen England und Deutschland. Da ein Zusammenhang zwischen „lutherischer Konfession“ und „Geburtstagsbesuch“ zumindest auf den ersten Blick nicht zu erkennen ist und da die Kirche von England und die Evangelische Kirche in Deutschland in durchaus vergleichbarer Weise Volkskirchen sind, hätte man auch an diesem Punkt bei beiden ähnlich hohe Werte erwarten können. Der Unterschied ist wohl historisch dadurch zu erklären, dass in Deutschland nach dem Ende der Staatskirche 1918 „es im Zusammenhang mit dem Ausbau einer eigenständigen Mitgliederpflege unter Einsatz bürokratischer Hilfsmittel (Kartothek) zum ersten Mal zu geplanten Besuchen von ganzen Gruppen von Gemeindegliedern am Geburtstag gekommen“ ist[22]. Angesichts des großen

---

[19] Fehlerbreite von 53,27% bis 73,13%.

[20] Fehlerbreite von 14,32% bis 29,28%.

[21] Fehlerbreite von 0,0% bis 16,25%.

[22] E. Hauschildt, Alltagsseelsorge. Eine sozio-linguistische Analyse des pastoralen Geburtstagsbesuches, Göttingen (Vandenhoeck & Ruprecht) 1996

Stellenwertes, den in der Geburtstagsbesuch in Deutschland in der Seelsorgetätigkeit eines Gemeindepfarrers einnimmt, verwundert es, dass er in den einschlägigen Handbüchern zur Seelsorge – wenn überhaupt – nur ganz am Rande erwähnt und beachtet wird.

Der niederländische Gemeindepfarrer macht vor allem Krankenbesuche.

Krankheit ist für niederländische Gemeindepfarrer der mit großem Abstand häufigste Anlass für einen Seelsorgebesuch. Sie machen auf jeden Fall mehr als doppelt so viele Krankenbesuche wie bei ihren Kollegen in Deutschland und England.

Mehr als 30 Krankenbesuche im Jahr machen von den Gemeindepfarrern

in den Niederlanden

xxxxxxxxxxxxxxxxxxxxxxxxxxxxxxxxxxxxxx 76,5%[23]

in Deutschland

xxxxxxxxxxx 22,1%[24]

in England

xxxxxxxxxxxxxxxx 32,8%[25]

Für den niederländischen Pfarrer folgen an zweiter Stelle „Trauer“ und „Lebensprobleme“ mit je 34,7%.

Trauer ist für Gemeindepfarrer in allen drei untersuchten Ländern ein recht häufiger Anlass für ein Seelsorgegespräch. Mehr als dreißig Trauergespräche führen insgesamt 37,8% der Gemeindepfarrer. Geringfügige Unterschiede zwischen den Ländern sind nicht signifikant.

Lebensprobleme sind vor allem in den Niederlanden Seelsorge-Thema

Als Anlass für ein seelsorgliches Gespräch begegnen *Lebensprobleme* in den Niederlanden signifikant häufiger als in den anderen untersuchten Ländern.

Mehr als 30 Gespräche aus diesem Anlass führen nach eigenen Angaben von den Gemeindepfarrern

in den Niederlanden xxxxxxxxxxxxxxxxx 34,7%[26]

in Deutschland xxxxxx 11,6%[27]

[23] Fehlerbreite von 68,99% bis 83,95%.

[24] Fehlerbreite von 12,17% bis 32,03%.

[25] Fehlerbreite von 19,95% bis 45,65%.

[26] Fehlerbreite von 26,86% bis 42,18%.

[27] Fehlerbreite von 1,67% bis 21,53%.

in England xxxx 8,6%[28].

Beichte bzw. Gebet um Vergebung ist sehr viel seltener ein Seelsorge-Anlass als Geburtstag, Krankheit, Trauer oder Lebensprobleme.
Deshalb wird hier im Folgenden auch nur der Anteil der Pastoren aufgeführt, die aus diesem Anlass mindestens *fünf*mal im Jahr ein Gespräch führen. (Zum Vergleich: bei den früher genannten Anlässen ging es jeweils um mindestens 30 Gespräche im Jahr.)

Mindestens fünf Gespräche mit Beichte oder Gebet um Sündenvergebung führen von den

Gemeinde-
pastoren xxxxxxxxxxxx 24,1%[29]

Krankenhaus-
seelsorgern xxxxxxxxxxxxxxxxxxxx 40,7%[30]

Bei den Gemeindepastoren zeichnet sich auch hier ein Unterschied zwischen den Ländern ab. Auch wenn die Fehlerbreite wegen der geringen Zahlen sehr groß ist, ist auf jeden Fall deutlich, dass die Beichte in England – wie zu erwarten – den größten Stellenwert einnimmt. Häufiger als fünfmal nennen diesen Anlass genannt von den Gemeindepastoren

in Deutschland xxxx 7,4%[31]

in den Niederlanden xxxxxxxx 15,3%[32]

in England xxxxxxxxxxxxxxxxx 34,5%[33].

Bei den Seelsorgern in Einrichtungen sind die Zahlen zu gering, um darüber zu verlässlichen Ergebnissen zu kommen.

Dass die Beichte in der anglikanischen Kirche (zumindest im hochkirchlichen Flügel) einen viel größeren Stellenwert hat als in den protestantischen Kirchen auf dem Kontinent, erklärt den hohen Wert bei den englischen Gemeindepastoren.

Dass das Verlangen nach Sündenvergebung im Arbeitsfeld des Einrichtungs-Seelsorgers offensichtlich sehr viel häufiger thematisiert wird als in dem des Gemeindepfarrers (in Deutschland viermal, in den Niederlanden gut dreimal so oft), mag einerseits mit der Ausnahmesituation (Krankheit, Lebensbilanz angesichts des bevorstehenden Todes) zusammenhängen, andererseits aber vor allem

[28] Fehlerbreite von 0,0% bis 21,45%.
[29] Fehlerbreite von 17,69% bis 29,51%.
[30] Fehlerbreite von 31,3% bis 50,1%.
[31] Fehlerbreite von 0,0% bis 17,33%.
[32] Fehlerbreite von 7,82% bis 22,78%.
[33] Fehlerbreite von 21,65% bis 43,45%.

damit, dass die absolute Zahl der Seelsorgegespräche, die ein hauptamtlicher Einrichtungs-Seelsorger führt, wesentlich höher ist als die der Seelsorgegespräche des Gemeindepfarrers. Wer die beispielsweise die vierfache Menge an Seelsorgegesprächen führt, wird damit nach der statistischen Wahrscheinlichkeit auch viermal so viele Gespräche führen, in denen es um Sündenvergebung geht.

3. Korrelation „Seelsorge am Pastor" – „Seelsorge des Pastors"

Um möglichen Zusammenhängen zwischen der Seelsorgepraxis eines Pastors und der Seelsorge, die er selbst in Anspruch nimmt, auf die Spur zu kommen, sei ein bestimmtes Praxisfeld hier besonders untersucht. Das ist der Krankenbesuch des Gemeindepastors. In allen drei Ländern – wenngleich mit deutlichen Unterschieden, was die Häufigkeit betrifft – bildet dieser einen wesentlichen Anteil an der Seelsorgearbeit des Gemeindepastors. Wahrscheinlich handelt es sich hier um den Anlass, der im größten Maße in das Ermessen des jeweiligen Pastors gestellt ist. Einem Trauergespräch etwa kann sich der Pastor, der die Beerdigung zu halten hat, nicht entziehen. Daher sagt die Zahl der Trauergespräche, die ein Pastor im Lauf eines Jahres führt, noch fast nichts aus über seine Motivation, Trauergespräche zu führen. Der Anlass „Geburtstagsbesuch" wird hier außer Acht gelassen, da es sich dabei vor allem um eine deutsche Besonderheit handelt. Die Anlässe „Lebensprobleme" und „Beichte / Gebet um Vergebung" werden später gesondert behandelt. Krankenbesuche werden in den meisten Fällen nicht vom Kranken oder seinen Angehörigen ausdrücklich erbeten oder gar eingefordert. Das heißt, dass ein Pastor, der hierzu besonders motiviert ist, wesentlich mehr Kranke besuchen wird als ein Pastor, der zum Krankenbesuch wenig Neigung hat. Daher ist die Zahl der Krankenbesuche ein Indikator für die Motivation des Pastors zu Krankenbesuchen. Die hier nun zu untersuchende Frage ist, ob diese Motivation zum Krankenbesuch korreliert mit der Seelsorge am Pastor, mit seinen Erfahrungen mit Beichte, mit Psychotherapie oder Supervision.
Um das herauszufinden, wurde jeweils untersucht, wie viel Prozent der entsprechenden Teilgruppe (z.B. „Gemeindepfarrer, die regelmäßig Seelsorge in Anspruch nehmen") im Jahr mehr als 30 Krankenbesuche machen.

Es sind dies unter den Gemeindepfarrern, die

regelmäßig Seelsorge in Anspruch nehmen

xxxxxxxxxxxxxxxxxxxxxx ------------ 44,6%[34]

selten oder nie Seelsorge in Anspruch nehmen

xxxxxxxxxxxxxxxxxxxxxxxxxxxxxx ------------ 60,3%[35]

Beichterfahrung haben

---

[34] Fehlerbreite von 36,03% bis 53,35%.

[35] Fehlerbreite von 52,48% bis 68,12%.

xxxxxxxxxxxxxxxxxxxxxxxxx 50%[36]

keine Beichterfahrung
haben

xxxxxxxxxxxxxxxxxxxxxxxxxx 52,8%[37]

Psychotherapie-
Erfahrung haben

xxxxxxxxxxxxxxxxxxxxxxxxx 50%[38]

keine Psychotherapie-
Erfahrung haben

xxxxxxxxxxxxxxxxxxxxxxxxxxx 53,8%[39]

Supervisions-
Erfahrung haben

xxxxxxxxxxxxxxxxxxxxxxxx 47,7%[40]

keine Supervisions-
Erfahrung haben

xxxxxxxxxxxxxxxxxxxxxxxxxxxx 58,8%[41]

Wie die ebenfalls graphisch dargestellte Fehlerbreite zeigt, sind die oben aufgezeigten Unterschiede alle nicht signifikant. Gleichwohl bleibt auffällig, dass jeweils der zweite Wert etwas niedriger ist, dass also die Pastoren, die Seelsorge, Beichte, Psychotherapie oder Supervision in Anspruch nehmen, etwas weniger Krankenbesuche zu machen scheinen als diejenigen, die das nicht in Anspruch nehmen. Am deutlichsten ist der Unterschied im Verhältnis zwischen empfangener und praktizierter Seelsorge. Dort überschneiden sich die Fehlerbreiten auch nur ganz knapp.

Fasst man die Gruppen nun zusammen und stellt die „empfangenden“ und die „nicht-empfangende“ Gemeindepfarrer einander gegenüber, ergibt sich folgendes Bild:

Die Gruppe A (“Empfänger”) besteht aus 250 Gemeindepfarrern. Von ihnen sind es 125 (=50%[42]), die mindestens 30 Krankenbesuche im Jahr machen.

Die Gruppe B („Nicht-Empfänger“) besteht aus 95 Gemeindepfarrern. Von ihnen sind es 56 (=56%[43]), die mindestens 30 Krankenbesuche im Jahr machen.

[36] Fehlerbreite von 38,14% bis 61,86%.

[37] Fehlerbreite von 46,67% bis 58,93%.

[38] Fehlerbreite von 40,02% bis 59,98%.

[39] Fehlerbreite von 47,27% bis 60,33%.

[40] Fehlerbreite von 40,15% bis 55,25%.

[41] Fehlerbreite von 50.91% bis 66,69%.

[42] Fehlerbreite von 43,84% bis 56,16%.

Mindestens 30 Krankenbesuche im Jahr machen von den Gemeindepfarrern, die Seelsorge, Supervision, Psychotherapie oder Beichte

„empfangen“: xxxxxxxxxxxxxxxxxxxxxxxxx__ 50%[44]

nicht „empfangen“: xxxxxxxxxxxxxxxxxxxxxxxxxxxx____ 56%[45]

Dieser Unterschied (siehe Fehlerbreite!) ist freilich nicht signifikant. Wäre er das, würde sich die Frage stellen, ob etwa Psychotherapie und Supervision einen demotivierenden Effekt haben im Blick auf Krankenbesuche.

Korrelationen des Besuchs- bzw. Gesprächsanlasses „Lebensprobleme“ mit der Seelsorge oder auch der Supervision, die der Seelsorger selbst in Anspruch nimmt oder auch mit seiner Beichterfahrung sind nicht signifikant. Auf jeden Fall besteht kein Zusammenhang der Art, dass Seelsorger, die regelmäßig selbst beratende Seelsorge in Anspruch nehmen, häufiger mit ihren „Klienten“ über Lebensprobleme reden.

Die nahe liegende Vermutung, dass ein Zusammenhang besteht zwischen der eigenen Erfahrung eines Seelsorgers mit der Beichte und der Häufigkeit, mit der seine eigenen Seelsorgegespräche die Beichte oder ein Gebet um Sündenvergebung beinhalten, scheint sich hier zu bestätigen: unter den Seelsorgern mit eigener Beichterfahrung sind es 16,3%, die mindestens 15 mal pro Jahr mit einem „Klienten“ um Sündenvergebung beten oder ihm in der Einzelbeichte diese zusprechen. Unter den Seelsorgern ohne eigene Beichterfahrung sind das nur 3,6%.

Beichtende Seelsorger,
bei denen gebeichtet wird xxxxxxxx_____ 16,3%[46]

nicht beichtende Seelsorger,
bei denen gebeichtet wird xx__ 3,6%[47]

Allerdings sind auch diese Zahlen wegen der hohen Fehlerbreite nicht signifikant.

4. Die Sicht des Seelsorgers auf die Seelsorge

4.1. Seelsorgekonzeptionen

---

43 Fehlerbreite von 50,16% bis 67,64%.

44 Fehlerbreite von 43,84% bis 56,16%.

45 Fehlerbreite von 50,16% bis 67,64%.

46 Fehlerbreite von 6,11% bis 26,49%.

47 Fehlerbreite von 0,0% bis 8,92%.

Knapp ein Viertel[48] der Respondenten antwortet auf die Frage: „Vertreten Sie eine bestimmte Seelsorgekonzeption?“ mit Ja. Allerdings geben vier von ihnen gleichzeitig an, dass sie sich mit Seelsorgekonzeptionen nicht auskennen oder unsicher sind, ob sie die Frage richtig verstanden haben. So nennen denn auch nur die wenigsten eine klar umrissene Konzeption. Eine Mehrheit[49] nennt allerdings Stichworte, die darauf schließen lassen, dass sie – zumindest implizit – zu einem Seelsorgeverständnis neigen, das auch – im weitesten Sinn – pastoralpsychologisch[50] orientiert ist. Die in den Niederlanden und in Deutschland am häufigsten[51] genannte Konzeption ist die „kontextuelle“ bzw. „systemische“ Seelsorge“. In den Niederlanden werden weiter genannt: „presentiepastoraat“ (10,6%), „hermeneutische“ und / oder „narrative“ Seelsorge (12,8%), „kerygmatische“ (10,6%) und „charismatische“ (6,4%) Seelsorge. In Deutschland scheinen vier (9,3%) Respondenten eine geistliche Seelsorge zu vertreten, die sich eher abgrenzt von einer pastoralpsychologischen Orientierung. In England scheint das für mindestens vier (26,7%) der Respondenten zuzutreffen.

4.2. Theologische Autoren

Auf die Frage: *„Gibt es einen (theologischen) Autor, dem Sie für Ihre Seelsorgearbeit viel verdanken?“* antwortet etwa die Hälfte (49,1%) der Respondenten mit „ja“.

Hierbei fällt vor allem die große Anzahl (und die breite Streuung) der verschiedenen Namen auf, die genannt werden. Die 212 Respondenten nennen nicht weniger als 201 verschiedene Namen. Es hat also fast jeder Seelsorger seinen eigenen Favoriten. Die Gemeinsamkeit ist sehr gering. Das gilt nicht nur zwischen den Ländern[52], sondern auch zwischen den einzelnen Respondenten innerhalb der Länder. So gibt es in England unter den 26 genannten Autoren keinen einzigen, der zweimal genannt wird. In den Niederlanden wird Nouwen am häufigsten genannt (20 mal), an zweiter Stelle Heitink (17 mal). Dabei ist zu beachten, dass über viele Jahre die Lehrbücher von Heitink für viele Studenten in den Niederlanden zur Pflichtlektüre im Fach Seelsorge gehörten. Dagegen werden in den Niederlanden 70 Namen nur je einmal genannt, 32 Namen werden zweimal bis höchstens neunmal genannt.

---

[48] insgesamt 23,4%; Niederlande: 21%; England: 20,5%; Deutschland: 31,9%.

[49] Niederlande: 25 von 47 (53,2%); England: 3 von 15 (20%); Deutschland 34 von 43 (79%).

[50] Darunter fallen KSA und ‚contextueel pastoraat‘, nicht aber ‚presentiepastoraat‘ oder ‚hermeneutisch pastoraat‘.

[51] Niederlande: 17 von 47 (36,2%); Deutschland: 8 von 43 (18,6%).

[52] In allen drei Ländern wird als einziger gemeinsamer Favorit Bonhoeffer genannt, weiter werden in England und den Niederlanden zwei gemeinsame Namen genannt, in den Niederanden und in Deutschland acht.

In Deutschland werden v.d. Geest und Stollberg je sechsmal genannt, Josuttis und Klessmann je fünfmal. Dagegen werden 44 nur je einmal genannt und 23 je zwei- bis höchstens viermal.

Ungefähr einer von fünf Respondenten (21,2%) nennt einen Autor, der an einer Universität das Fach Seelsorge vertritt[53]. Von den übrigen werden vor allem Systematische Theologen, geistliche Schriftsteller, Psychotherapeuten oder auch Philosophen genannt.

Korrelationen:

a) Die Nouwen-Leser

Um über etwaige Korrelationen zwischen den angegebenen Autoren einerseits und der eigenen Seelsorgepraxis und der Inanspruchnahme von Seelsorge andererseits etwas aussagen zu können, sind die Zahlen zu gering. Einzig über die Gruppe der Nouwen-Leser (n=21) lassen sich im Vergleich zu der Gesamtmenge der Respondenten einige Tendenzen aufzeigen. Unter ihnen ist die Zahl derer, die Erfahrung mit Psychotherapie haben, sehr viel geringer (9,5% gegenüber 31,3%). Auch regelmäßige Seelsorge scheinen sie weniger in Anspruch zu nehmen (28,6% gegenüber 39,6%). Das Gleiche gilt im Blick auf die Beichterfahrung (9,5% gegenüber 21,3%). Dagegen scheint die Zahl der Gemeindepastoren, die mehr als 30 Krankenbesuche im Jahr machen, deutlich höher zu liegen als beim Durchschnitt der Gemeindepastoren unter den Respondenten (69,2 gegenüber 52,6%).

b) Die Vertreter einer Seelsorge-Konzeption

Diejenigen, die angegeben haben, eine bestimmte Konzeption zu vertreten, die aufgrund der genannten Stichworte als ‚im weiten Sinn auch pastoralpsychologisch orientiert' zu bestimmen ist (n=69) scheinen im Vergleich zum Durchschnitt aller Respondenten häufiger regelmäßig Seelsorge (52,2% gegenüber 39,6%) und auch Psychotherapie (44,9% gegenüber 31,3%) in Anspruch zu nehmen. Ihre Beichterfahrung ist möglicherweise geringer (15,9% gegenüber 21,3%). Die Zahl der Gemeindepfarrer, die mehr als 30 Krankenbesuche im Jahr machen, scheint unter ihnen geringer zu sein (43,9% gegenüber 52,6%).

[53] In England sind es 3 von 26, in den Niederlanden 22 von 121 und in Deutschland 20 von 65.

5. Der Ertrag der Untersuchung

5.1. Zusammenfassung der Ergebnisse:

Mindestens 40% der Seelsorger, wahrscheinlich aber wesentlich mehr, haben schon Seelsorge in Anspruch genommen. Unter ihnen gibt es eine gewisse Polarisierung: eine Teilgruppe (knapp 40%) nimmt regelmäßig Seelsorge in Anspruch, währen eine andere Teilgruppe von ebenfalls knapp 40% das nur selten (ein- bis fünfmal im Leben) tut.

In einem von drei Gesprächen geht es eher um Glaubensthemen, in zweien eher um Lebensbewältigung. Gebetet wird in etwa einem Drittel der Gespräche. Dabei spielt die Beichte nur eine geringe Rolle. Psychotherapie wurde etwa von einem Drittel der Seelsorger in Anspruch genommen (von Seelsorgern in Einrichtungen deutlich häufiger als von Gemeindepfarrern). Auffällig ist eine Korrelation zwischen Psychotherapie und Beichte: Menschen mit Beicht-Erfahrung gehen signifikant öfter in Psychotherapie, bzw. Menschen mit Psychotherapie-Erfahrung gehen signifikant öfter zur Beichte. Einzelsupervision wird von gut der Hälfte der Seelsorger in Anspruch genommen, von Frauen häufiger als von Männern und von Einrichtungs-Seelsorgern häufiger als von Gemeindepfarrern.

Was die eigene Seelsorge-Praxis betrifft, sind Geburtstage (vor allem in Deutschland), Krankheit und Lebensprobleme (vor allem in den Niederlanden) sowie Trauer die häufigsten Anlässe. Beichte bzw. Schuld und Vergebung spielt im Vergleich dazu nur eine geringe Rolle.

Auffällig ist, dass jemand, der selbst Seelsorge, Supervision oder Psychotherapie in Anspruch nimmt, offenbar weniger Krankenbesuche macht als jemand, der selbst keine Seelsorge, Supervision oder Psychotherapie in Anspruch nimmt. Dieser Zusammenhang bedarf einer näheren Untersuchung. Im Fall der Beichte dagegen scheint es so zu sein, dass die Gespräche der Seelsorger, die selbst beichten, auch öfter eine Beichte oder ein Gebet um Sündenvergebung enthalten.

Etwa jeder vierte Seelsorger kann eine Seelsorge-Konzeption benennen, die er vertritt. Auf die Frage, welchem (theologischen) Autor er für seine Arbeit viel verdankt, nennt fast jeder Seelsorger einen anderen Namen. Am häufigsten (aber auch nur von 20 Respondenten) wir der Name Nouwen genannt. Diese kleine Gruppe besteht vor allem aus Gemeindepfarrern, die deutlich weniger als ihre Kollegen Seelsorge, Beichte und Psychotherapie in Anspruch nehmen.

5.2. Rückblick und Ausblick

Mit dieser Untersuchung sind eine Reihe von Daten zu Tage gefördert, die etwa im Blick auf die Fortbildung oder Begleitung von Seelsorgern ein deutlicheres Bild geben können von dem, was bei den Seelsorgern ggf. vorauszusetzen ist und was nicht. Was diese quantitativ angelegte Untersuchung naturgemäß nicht klären konnte, ist die Frage, wie bestimmte Korrelationen, die sich hier gezeigt haben, zu interpretieren sind. Das gilt vor allem im Blick auf den Einfluss von empfangener Seelsorge, Supervision und Therapie auf die eigene Seelsorgearbeit. Was das betrifft, wären qualitative Anschluss-Untersuchungen wünschenswert, die etwa narrative Interviews mit einzelnen Seelsorgern einer Tiefenanalyse unterziehen würden.

Summaries / Résumés en anglais / Samenvattingen in het Engels

Jeanine Mukaminega, **L'institution et la function des Anciens – *Zekenim* – dans la littérature de l'Ancien Testament.**

In the Bible, the word « elders », always written in plural, does not refer to the age nor to the wisdom nor to another known feature of leadership. Their role in the biblical world and their status are not clear. More surprisingly, a detailed reading of the scripture shows that their relationship with the Ancient Israel's religion is desultory. In a survey of the biblical literature and the Ancient Near East's documents, this paper aims to examine the human realities in which the "voice" of the elders is employed.

Johannes Taschner, **Een maaltijd met God (Ex 24:9-11)**

On mount Sinai one of the few harmonious scenes of the Bible takes place: Moses, Aaron and his sons have a meal together with the seventy of the Elders and they see the God of Israel (Ex 24:9-11). This is the highlight of the encounter between Jhwh and Israel at Sinai after the liberation out of Egypt. This paper reads the continuing story (Ex 24 – 34) as etiology why this meal remains the one and only of its kind.

Jeroen Hozée, **Luther, middeleeuwse monnik in een nieuwe tijd. Waarom had Maarten Luther succes en waarom werd hij gesteund?**

Why did the ideas of Luther have more "success" than the ideas of e.g. John Hus a 100 years earlier? This is also due to some non-theological (especially economic) factors. Those factors are traced and discussed.

Johan Temmerman, **Luther, eindtijdelijk theoloog tussen Oudheid en Moderniteit. Over de cultuurhistorische betekenis van de Reformatie.**

Since 500 years, innovation and reformation are at the heart of Western culture. In this article we follow Luther through the crucial years of his life and try to reconstruct the foundations of his reformation. The Luther we see was radical and not willing to make compromises. He wrote without nuances against peasants and Jews, mainly because he thought that Christ soon would return. He became bitter at the end of his life, but he never corrected his previous positions.

Therefore, one of the important lessons we learn from reformation history is that an apocalyptic worldview generates radicalism and violence.

Johan Temmerman, **Luther Messias. Een godsdienst-filosofische plaatsbepaling.**

This article puts Martin Luther in a bigger philosophical picture. The idea that his interpretation of the Gospel was unique – his so called 'rediscovery' of grace – shows affinities with the work of Francis of Assisi (1181-1226), who three hundred years earlier gave Christianity his unique perception of poverty. In the same perspective we can see a comparable frame of mind in the late work of Friedrich Nietzsche (1844-1900). His aim was to liberate European culture from slavery morals. The three reformers of the spiritual life had the strong conscience in common that their innovations were decisive for humanity. They looked through apocalyptic spectacles and played their role in saving church and culture. We called it a Messiah-conscience.

Mar van der Veer, **Van geloofsleer tot geloofslied. Een onderzoek naar de vraag hoe Luther dogmatiek verwerkt tot een lied.**

Luther wrote the song *Nun freut euch lieben Christen gmein* to have people experience singing what he had found in the Gospel. The song is one of his first songs and intended as news that is sung. The contents of the hymn is very similar to the text of the song. Luther transfers dogmatism into poetry. He adds a conversation between God the Father and the Son about the miserable condition of the sinner. The song does not sing about the wrath of God but about his grief. The redemption of Christ takes place in the here and now in view of the individual. After the *'wir'* (we) from the beginning the song also gets a personal character and it almost becomes a love song. The melody resembles a spring-dance and in this way the history of salvation will be placed under the sign of joy.

Heye Heyen, **Luthers onderscheiding van wet en evangelie en de relevantie daarvan voor de praktische theologie**

In a first step, Luther's distinction between the Law and the Gospel is explained. After that, it is applied to two fields of Practical Theology: to homiletics and pastoral care. Its relevance to these fields is discussed.

Léonard Rwanyindo, **L'occupation colonial de l'Afrique et l'école des missions chrétiennes**

The colonial occupation of Africa in the early 19th century met with strong opposition from the African population. Determined to settle at any cost, the colonizer did not hesitate to use force to break resistance. We encounter this use of force through firearms (hitherto unknown to local populations) in Namibia, Egypt, Sudan and almost everywhere in the colonized countries.

Missionaries, Catholic as well as Protestant, were responsible for transmitting the Western culture considered the only light-bearer in the world of darkness that raged elsewhere, outside the Christian West charged with evangelizing all nations according to the colonizer and the missionary. They have used the school and the catechesis to train the agents who will be favorable to them in their conquest of occupation until the period of the independences which took place from the years 1950-1960.

Jack McDonald, **Word or deed? An analysis of the wrongs and rights of Christian mission with reference to Samuel de Champlain and Jean-Jacques Rousseau.**

Examples of historic Christian mission in the modern world allied to European colonial adventures which confuse categories of 'Christian mission' and 'cultural domination' are legion, even in as careful and subtle a Christian ambassador as Samuel de Champlain (1574-1635). Another francophone Protestant, Jean-Jacques Rousseau (1712-1778), identifies a fundamental reason for this confusion, the unbreakable link between language and power-structures. A contemporary approach to Christian mission should address this basic issue of language, domination and power.

Jack McDonald, **Esclavage et abolition : le triomphe du concept de la décence lors du débat abolitionniste en Angleterre au XVIIIe siècle.**

Slavery as a social concept was widely accepted in Western Europe in the 18th century. British propaganda treated Napoleon mercilessly, but never criticised his re-establishing of slavery in the French Empire in 1802. Edward Long (1734-1813), famous as a planter and anthropologist in 18th century Jamaica, is an excellent example of the casual racism which saw slavery as natural because black people were held to be ontologically inferior to white people. Opposition to slavery in British circles never flirted with French radical social ideas. James

Ramsay (1733-1789), surgeon and Anglican priest, is a typical example of this "soft" approach to abolition, appealing to imperialist, civilising principles whilst rejecting slavery as morally indecent. William Pitt (1759-1806) and William Wilberforce (1759-1833) were two Anglican politicians and abolitionists who followed Ramsay's arguments.

Heye Heyen, **Der Seelsorger als Seelsorge-Empfänger. Eine quantitative Auswertung.**

This article presents a quantitative research about the pastor at the receiving end of pastoral care. Pastors in the Netherlands, in Germany, and in England have been interviewed about their pastoral practice and about the reasons and themes of their pastoral conversations on the one hand. On the other hand, they have been questioned whether (resp. to what degree) they receive pastoral care and what's it about, supervision, or psychotherapy. The results have been compared, and some corresponddences are discussed. A rather surprising result is that pastors who receive pastoral care, supervision, or psychotherapy, bring signify-cantly less visits to the sick.

Contributors

DR JEANINE MUKAMINEGA holds a doctorate in protestant theology from FPG Brussels and teaches Old Testament in the French-speaking department of that university. She is also a teacher of philosophical and religious studies in Belgian secondary schools. Her scholarly interest is in the Bible as a religious text which has come down to us from the Ancient Near East.

DR JOHANNES TASCHNER is professor of Old Testament at FPG Brussels and chaplain of the Comenius-Gymnasium in Düsseldorf.

Recent publication:

- Gottes mütterliche Seiten (Meditation zu Jes 66,13), GPM – Meditationen 2015, 71-76

JEROEN HOZÉE is studying theology at FPG and working as a pastoral worker.

DR JOHAN TEMMERMAN, (1960) is dean and professor of systematic theology at FPG Brussels. His interests includes the philosophy of religion and currents of alternative christianity.
Recent books:

- *De onderstroom van religie en atheïsme. Vrijmetselarij, mystiek, gnostiek, hermetisme,* Leuven, 2014.
- *Maarten Luther, 500 jaar reformatie*, Brussel, 2016.

MAR VAN DER VEER (1951) studied organ and school music at the Rotterdam Conservatory. He is cantor and organist at the reformed Thomaskerk in Zierikzee (Netherlands). More than forty years he taught music to students of secondary schools. He has written several teaching methods for music education. As a composer he published a passion, some cantates, church musicals and two books with new hymns for worship. Since his retirement in 2014, studies theology at the Faculty of Protestant Theology in Brussels.

DR HEYE HEYEN is professor of practical theology at FPT Brussels. In addition, he practices as an independent psychotherapist at Oldenburg (Germany). He was previously a Protestant minister in Germany and a university lecturer in the Netherlands.

Recent book:

- Gericht predigen, Münster (LIT) 2017

Homepages: www.heye-heyen.de and www.logotherapie-oldenburg.de

DR LÉONARD RWANYINDO; Diplômé en théologie protestante (Butare – Rwanda). Licencié, diplômé des Etudes Supérieures et Docteur en Théologie protestante de la Faculté universitaire de théologie protestante de Bruxelles. Pasteur de paroisse au sein de l'Eglise protestante unie de Belgique (EPUB). Collaborateur scientifique et responsable de la chaire de l'Histoire des Missions (Missiologie) à la Faculté universitaire de théologie protestante de Bruxelles.

DR JACK MCDONALD is president of the Central Committee of the Anglican Church in Belgium and professor of church history. He teaches at the Faculteit Theologie en Religiewetenschappen, KU Leuven, and at FPG Brussels.

Recent books:

- De Anglicaanse Kerk (Averbode, 2016) and De Christelijke Verlichting (forthcoming)

Analecta Bruxellensia

edited by Heye Heyen and Johannes Taschner (Faculty of Protestant Theology in Brussels)

Heye Heyen; Johannes Taschner (Eds.)
Theological Essays in a Postmodern Context
This issue of the yearbook "Analecta Bruxellensia" contains different essays which show in what way(s) scholars from different fields are engaged in theology in a postmodern context. The authors are all working or studying at the Faculty of Protestant Theology in Brussels. The essays are divided into the following three clusters: Old Testament from different perspectives, Philosophy of Religion and Ethics, and pastoral care in a postmodern context.
Bd. 16, 2016, 180 S., 24,90 €, br., ISBN 978-3-643-90721-9

LIT Verlag Berlin – Münster – Wien – Zürich – London
Auslieferung Deutschland / Österreich / Schweiz: siehe Impressumsseite